アジア経済はどこに向かうか

コロナ危機と米中対立の中で

末廣 昭 Suehiro Akira
伊藤 亜聖 Ito Asei

新型コロナ禍のアジア経済と今後の展望

末廣　昭

皆さんこんにちは。末廣でございます。先ほどご紹介がありましたように、私は今年（二〇二一年）三月をもちまして学習院大学を退職しました。東京大学名誉教授の身分になっておりますけれども、基本的には無職ということで、名刺を持たない生活が始まってすでに六カ月がたちました。

今回、飛行機に乗ったのが二年ぶりの出来事でした。二〇一九年九月に福岡アジア文化賞の第三〇回記念シンポジウムに呼ばれた時が、飛行機に乗った最後の機会でありまして、くしくもちょうど二年たって、福岡ユネスコ協会の皆さまに呼んでいただき、再び福岡に来ることができてとても嬉しく、同時に名誉なことだと思っております。

本日の予定を申し上げますと、私のほうからまず新型コロナ禍のアジア経済――もちろん中国も入っております――の状況について説明し、次に、一九九七年のアジア通貨危機と比較して今回のコロナ禍はどういうところに違いがあるのかを紹介します。そして最後に、今後のアジア経済について展望を行います。その後、伊藤亜聖さんに登壇していただきます。彼には中国経済に焦点を当てていただき、その発展パターン、経済のデジタル化、今後の展望について、海外の最新の研究成果も踏まえながら話してもらいます。今現在、中国につきましてはさまざまの話題がメディアを賑わしておりますので、そういう話題についても紹介していただけるものと思います。

本日の講演は四つのテーマから成っています。まずパートⅠでは新型コロナウイルス感染症（ＣＯＶＩＤ－19）（以下、新型コロナと表記）の経緯と現在の状況について紹介します。次にパートⅡでは、中国が現在盛んにやっている「ワクチン外交」の実態と「一帯一路イニシアティブ」との関係について述べます。三番目にパートⅢとしてアジア通貨危機とコロナ禍の特徴の比較を行い、最後にパートⅣとして、アジア経済がどういう方向に向かっていくのかについて、私の考えを話していきたいと思います。

Ⅰ　新型コロナの現状――世界とアジア諸国

新型コロナの感染波及経路

まずパートⅠです。皆さんご存じのように、中国の武漢市から始まった今回の新型コロナは、最初に感染していった先が、武漢の中国人観光客が訪れたタイでした（二〇二〇年一月一三日）。その後、日本（同一六日）、韓国（同一九日）、台湾、香港、ベトナム、シンガポールといったアジア近隣諸国へと広がっていきました。

欧州ではフランス（同二五日）、ドイツ（同二七日）が比較的早かったのですが、多数の感染者が発生したのがイタリアの北部でした（二月）。これはなぜかといいますと、イタリア北部にガーメント産業に従事する中国人コミュニティがいくつかあって、そこと中国本土との間に人の往来があったために、北部で広がっていったわけです。

イタリアを含む欧州から、次に米国へと飛び火していくわけですが、実は武漢で起こった後に最初に米国で新型コロナの感染が確認されたのは一月二一日、西海岸のワシントン州シアトルでした。そのため、同じ西海岸のカリフォルニア州（アジア人コミュニティが多い）などでは、中国から太平洋を渡って新型コロナが伝播することを警戒して、厳重な感染防止対策をとっていました。他方、東海岸のニューヨーク市などでは、まさか中国の反対側にある大西洋を渡って新型コロナが来るとは思ってもみなかった。その結果、ニューヨーク市が新型コロナ防止対策にとりかかったのは、三月以降にずれこみました。ニューヨーク市がその後大変な惨劇に見舞われる大きな理由は、太平洋からではなく、欧州経由で大西洋から東海岸に到着したからです。こうした事態こそが現在の世界のグローバル化の新しい特徴を示していると思います。

第一次大戦後の戦争と感染症の犠牲者

図表1をごらんください。私の記憶では、学校の授業の中で「スペイン風邪」の惨事についてはほとんど習いませんでした。今はしきりとメディアで紹介されていますが、このスペイン風邪が原因で、第一次世界大戦（死者八五三万人）や第二次世界大戦（同九一二万人）以上にものすごい数の犠牲者――四〇〇〇万人と言われている――が、一九一八年から一九二〇年の三年間に出ています。日本でも感染者の数が同期間の累計で二三八〇万人を数え、死者数も三九万人に達しました。そこから算出すると致死率は一・六三％とい

図表1　第一次大戦以後の戦争と主な感染症の犠牲者

1914-18年	第一次大戦　死者853万人
1918-20年	スペイン風邪　死者4000万人 （日本は感染者数2380万人、死者39万人。致死率1.63%）
1939-45年	第二次大戦　死者912万人
1957年	アジアかぜ大流行　死者200万人以上
1968年	香港かぜ大流行　死者100万人以上
1981-2010年	HIVエイズ　死者2500万人
2002年	SARS（重症急性呼吸器症候群）、死者774人
2009年	新型インフルエンザ（A/H1N1）、死者1万8449人
2019年	日本の新型インフルエンザ、感染者数　約1000万人、死者3575人 （死者の推計1万人）
2021年	9月24日　新型コロナ　世界の感染者2.3億人、　死者473万人、 日本　168万人、死者1万7,319人（1.03%）

う水準です。これを超える規模の感染症は、今のところ日本にはありません（スペイン風邪については、内務省衛生局編『流行性感冒―「スペイン風邪」大流行の記録』平凡社東洋文庫、二〇〇八年復刻、速水融『日本を襲ったスペイン・インフルエンザ』藤原書店、二〇〇六年を参照）。

第二次大戦後になると、「アジアかぜ」が一九五七年に大流行し、死者が二〇〇万人以上に上りました。それから、「香港かぜ」が一九六八年に流行して一〇〇万人以上の死者を出しています。その後は死者数が大きく減っており、悪名高いSARSでは死者は七七四人、二〇一九年の「新型インフルエンザ」の場合には一万八四四九人で、これらの数字と比べますと、今回の新型コロナの感染者の数と死者の数が突出して多いことが分かります。直近の九月二四日の数字では感染者数が二・三億人、死者数四七三万人です（二〇二二年一月三〇日現在、世界の感染者の累計数は三・八億人、死者数は五六七万人に増加している）。

図表1で注目していただきたいのは、日本の新型インフルエンザはここ一〇年間、毎年罹っている人がだいたい七〇〇万人から一三〇〇万人もいるという事実です。また、亡くなっている人が一番多い年が二〇一九年で、そのときの公式

図表2　世界の感染者数の推移、2020年3月〜2022年2月1日
（人）

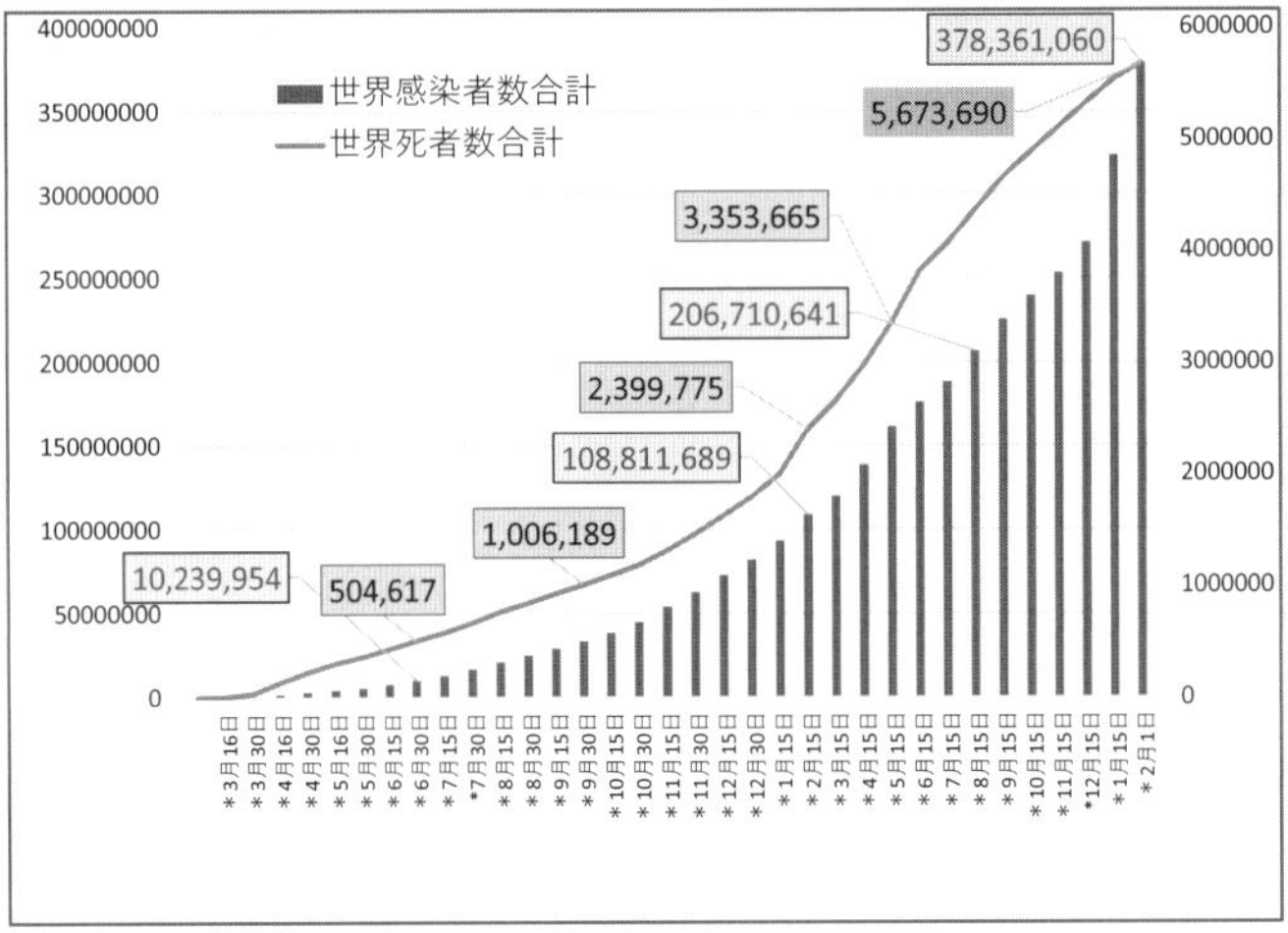

（出所）厚生労働省の「新型コロナの発生状況」より末廣昭作成。

の死者数は三五七五人ですけれども、これは病院で確認された人数で、自宅で亡くなられた人を入れると大体一万人近くに上ると報告されています。新型コロナによる日本の犠牲者が二年間で——九月二四日の段階で一万七三一九人ですから——仮に二万人と仮定して平均しますと、一年間に一万人となります。そうすると、新型インフルエンザと同じ規模になります。

　私もこの事実に気づいた時には愕然としたのですが、このことが示唆しているのは、新型コロナを撲滅するという「ゼロ・コロナ対策」が間違った方針かもしれないということです。実際、シンガポールとか台湾とかイギリスが「ゼロ・コロナ」から「ウィズ・コロナ」に方針を転換しています（「ゼロ・コロナ」の方針を堅持しているのは中国）。つまり、新型コロナとどうすれば共存できるのか、通常のインフルエンザと似たような扱いで対応していく。多分そちらにこれから向かっていくのではないかと私は考えています。

世界の感染者の地域別分布

　図表2は、世界における新型コロナの感染者のトレンドを示したものです。感染者の累計数はずっと増加していって、二〇二一年二月にその数は一億人を超えました。さらに六か月後の八月半ばには二億人を超えています。その後も、デルタ株やオミクロン株といった変異株の登場で、新規感染者数

図表３　地域別の感染者数の推移、2020年２月～９月30日　(％)

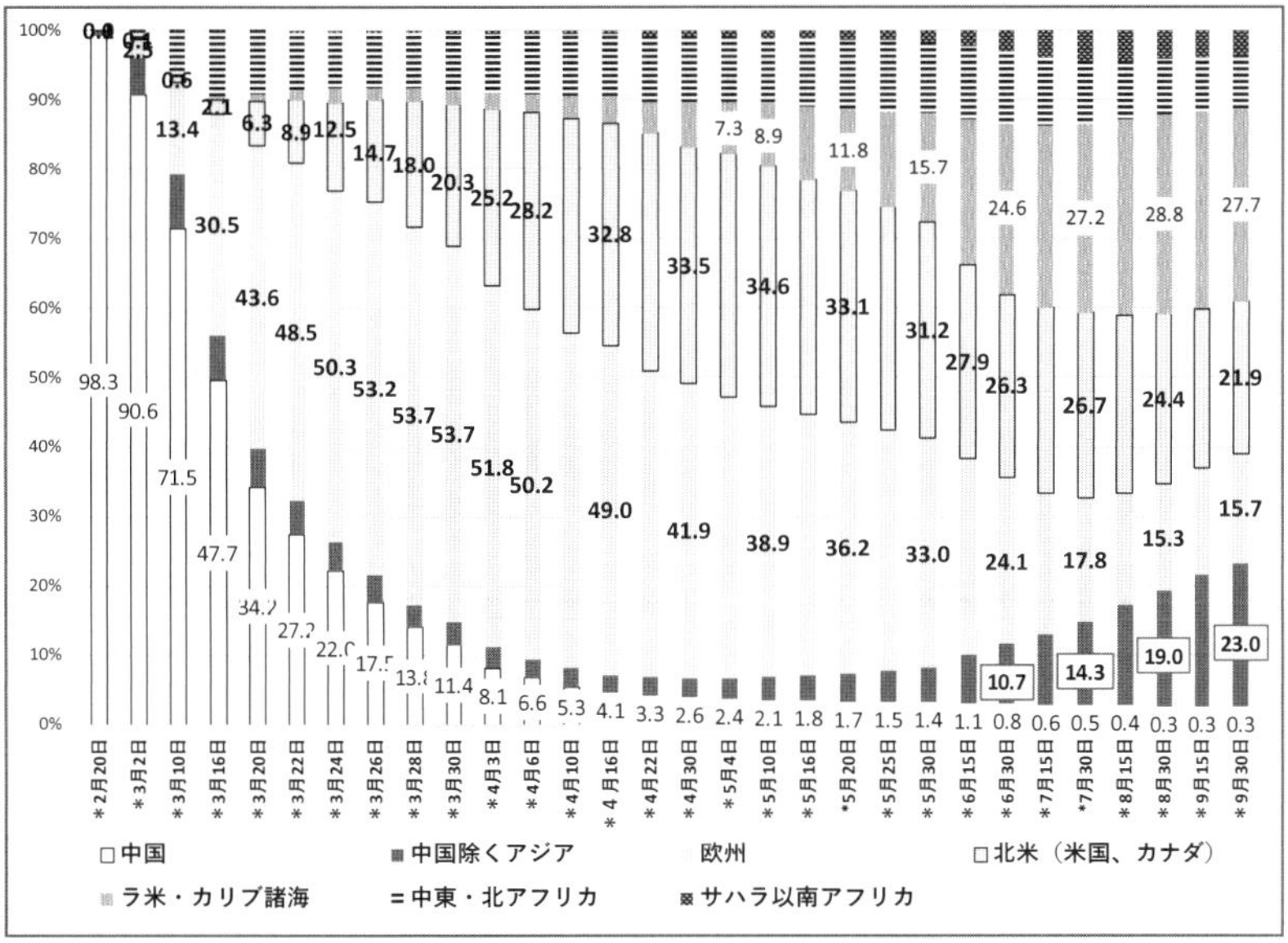

（注）「中国を除くアジア」には香港、マカオ、台湾を含める。
（出所）厚生労働省「新型コロナの発生状況」より末廣昭作成。

はより速いスピードで増え続け、翌二〇二二年一月七日には世界で三億人を突破しました。さらに、オミクロン株の猛威で感染者数が爆発的に増えていき、二〇二二年二月一日現在の数字は三億八〇〇〇万人に近づいています。一方、死者の累計数の方は二〇二一年一一月二日に五〇〇万人を超えましたが、増加のスピードは感染者数ほど速くはなく、二月一日現在、五六七万人となっています。

　図表3は、二〇二〇年の二月から九月までの地域別の新型コロナの感染者の累計を示したものです。地域は下から中国、中国以外のアジア、欧州、北米、ラ米、カリブ海、中東・北アフリカ、サハラ以南のアフリカの順になっています。一目瞭然で分かるように、最初は発生源である中国が中心だったのですが、その後だんだんと欧米諸国のシェアが増えていきます。三月一六日には欧州が全体の三〇％を超え、同月二四日には早くも五〇％を超えます。次いで四月に入ると、北米とくに米国の感染者数が伸びていき、五月初めには全体の三五％を示すまでになります。そして、六月に入ると今度はブラジルをはじめ

図表４　地域別の感染者数の推移、
2020年３月16日〜2022年１月31日　（%）

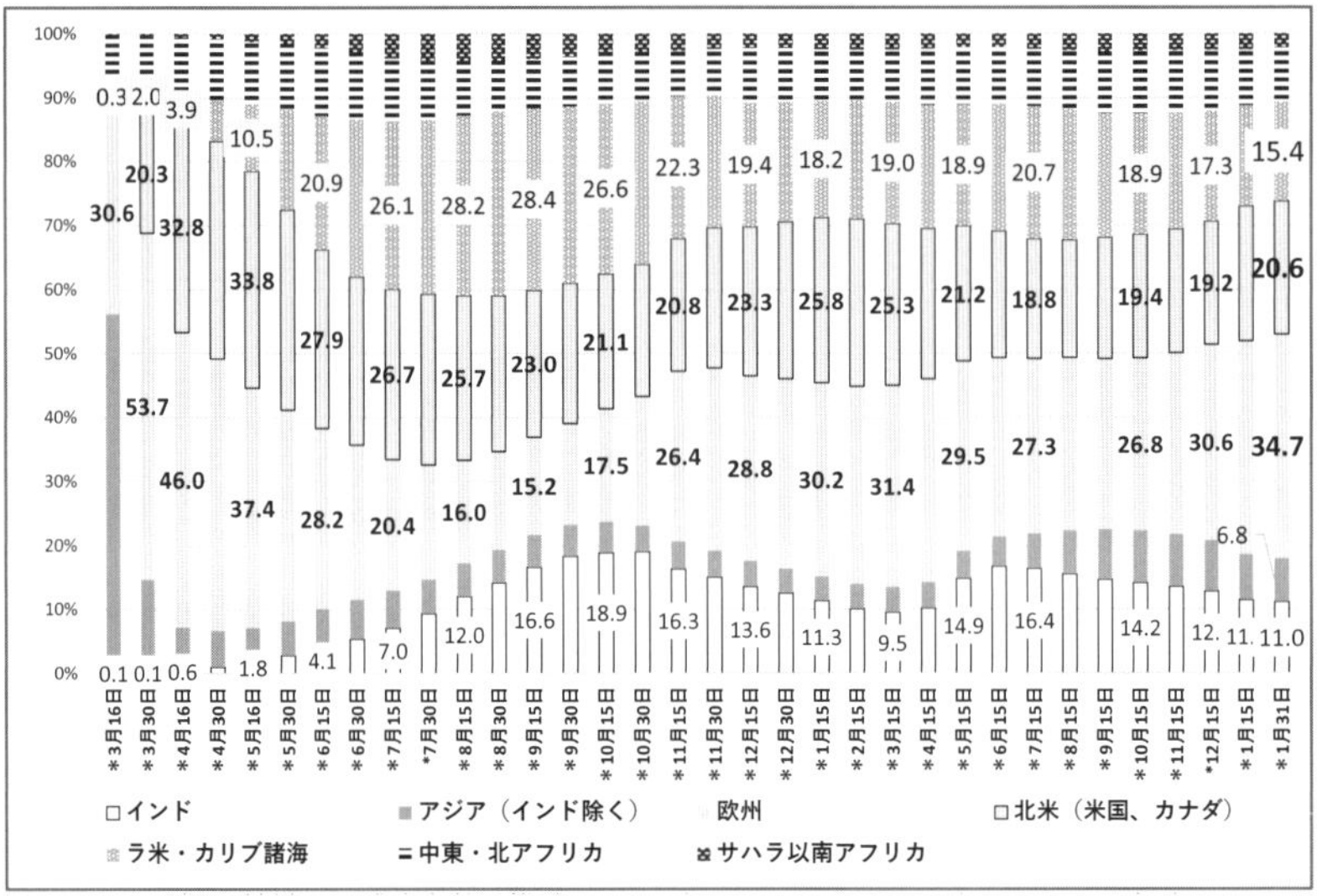

（出所）厚生労働省「新型コロナの発生状況」より末廣昭作成。

とする中南米のシェアが増えていきます。

アジア地域に目を転じると、八月頃からは中国に代わって中国以外のアジア諸国、とくにインドの感染者数が急増していき、九月には全体の二〇%を超えていきました。二〇二〇年九月末時点の感染者累計数の地域別分布は、中国が全体の〇・三%まで低下し、欧州が一六%、北米が二二%、中国以外のアジアが二三%、中南米が二八%という分布になっています。つまり、感染の地域が先進国から新興国・発展途上国へと拡大していったことが、図表３から読み取ることができます。

もう少し長期間のトレンドを見ておきましょう。図表４は二〇二〇年三月から二〇二二年一月末までの約二年近くの地域別分布を示したものです（＊図表４は講演時の二〇二一年九月時点ではなく、二〇二二年一月まで延長して新たに作成した）。二〇二二年一月までのトレンドをアジアに注目すると、山が二つあることが分かります。最初の山は二〇二〇年一〇月頃で、欧州と北米の比重が縮小してアジアのシェアが増えています。牽引していたのはインドです。次に再び欧米の比重が増えた後、二〇二一年五月頃からアジアのシェアが伸びていく。これはインド、バングラデシュ、パキスタンといった南アジアや、インドネシア、フィリピンといった東南アジアのほか、マレーシア、タイ、ベトナムでも感染者の急増が生じた結果です（後述）。

二〇二一年九月時点での感染者の累計数の地域別分布は、多い順に欧州二七％、アジア二三％、中南米二〇％、北米一九％となっています。大雑把に言って、四つの地域に感染者が万遍なく分布しているというのが現状だと言えます（＊その後、感染力のきわめて強いオミクロン株の登場と欧州各国政府による感染防止対策の緩和＝都市のロックダウンや外出制限の解除、あるいはワクチン接種率の鈍化により、欧州での感染者数が爆発的に増え、その比重は二〇二一年一〇月中旬の二七％から二〇二二年一月末には三五％に八ポイントも一挙に上昇した）。

アップダウンを繰り返す新規感染者数――月別平均数の推移からみた動向

現在、私は大体三日か四日ごとに、厚生労働省が毎日更新している『新型コロナ感染症に関する報道発表資料』（原資料はジョンズ・ホプキンス大学のデータ）を使って、世界一八八カ国の感染者数と死者数の累計数字をパソコンに入力する作業を続けています。以下に紹介する図表はこのデータベースの数字を加工して整理したものです。

最初に、世界全体の新型コロナの新規感染者を毎月集計したものを一日平均に換算して図示したものが、図表5です。図表5から分かるように、最初は右肩上がりで新規感染者数は伸びていきますが、二〇二〇年一二月に一日六五万人のピークを迎えて、以後は低下していきます。ところが、二〇二一年三月の一日四八万人を底に再び上昇に転じて翌月四月には七四万人に上昇し、また下がって一〇月にはいったん一日四二万人まで下がります。ところが、三か月後の二〇二二年一月における一日の新規感染者数はじつに二九一万人、一〇月時点の七倍にまで跳ね上がっています。

図表５　世界のコロナ新規感染者数の推移（月ごとの平均値）、
2020年3月～22年1月　（人/日）

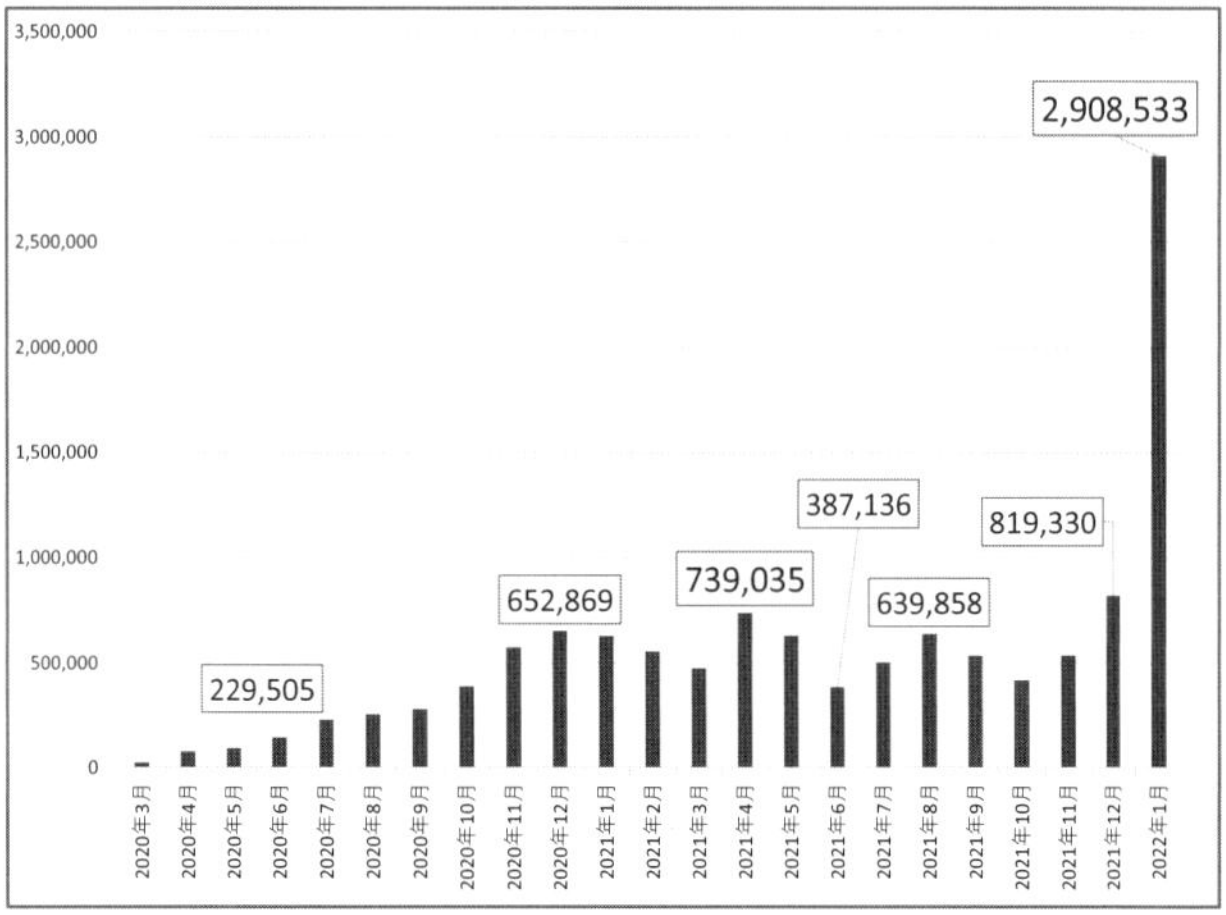

（出所）厚生労働省「新型コロナの発生状況」より末廣昭集計のうえ作成。

世界の新型コロナの新規感染者数は、以上のようにアップダウンを繰り返していますが、その理由としては、政府の感染防止対策の厳格化（その緩和）や国民のそれに対する反応、マスクの着用率やワクチン接種の普及率、使用するワクチンの種類の違いなどが影響していると思います。その中でとりわけ重要なのが、次々と進化を遂げるコロナウイルスの変異株の感染力の強さです。二〇二一年四月の急速な反転はインド型と呼ばれる「デルタ株」の波及が原因であり、二〇二一年の年末から二二年の年初のスカイロケット的増加は、デルタ株以上に感染力が強いと言われる、南アフリカで二〇二一年一一月二四日に確認された「オミクロン株」の伝播でした。図表5から分かるように、オミクロン株確認以降の世界の感染状況は、日々の新規感染者数の増加がまったく新しい時代に入ったと言えるでしょう。

　次に、米国の事例を見ていきます。米国では二〇二〇年九月の一日四万人から一一月の一五万人、一二月の二一万人へと、急激に感染者数が増加していきました。その後は逆に急速に減っていき、二〇二一年六月には一日一万人台まで下がっています。ところが、ワクチン接種をしていない人々を中心に、二か月後の八月と九月には再び一日一三万人台から一四万人台まで上昇しています。意外と知られていないのは、今でも米国で新規感染者数の増加が加速化している事実です。四〇〇〇万人から五〇〇〇万人へと増加する間の期間は約三か月

図表６　欧州のコロナ新規感染者数の推移（月ごとの平均値）、2020年３月～22年１月　（人／日）

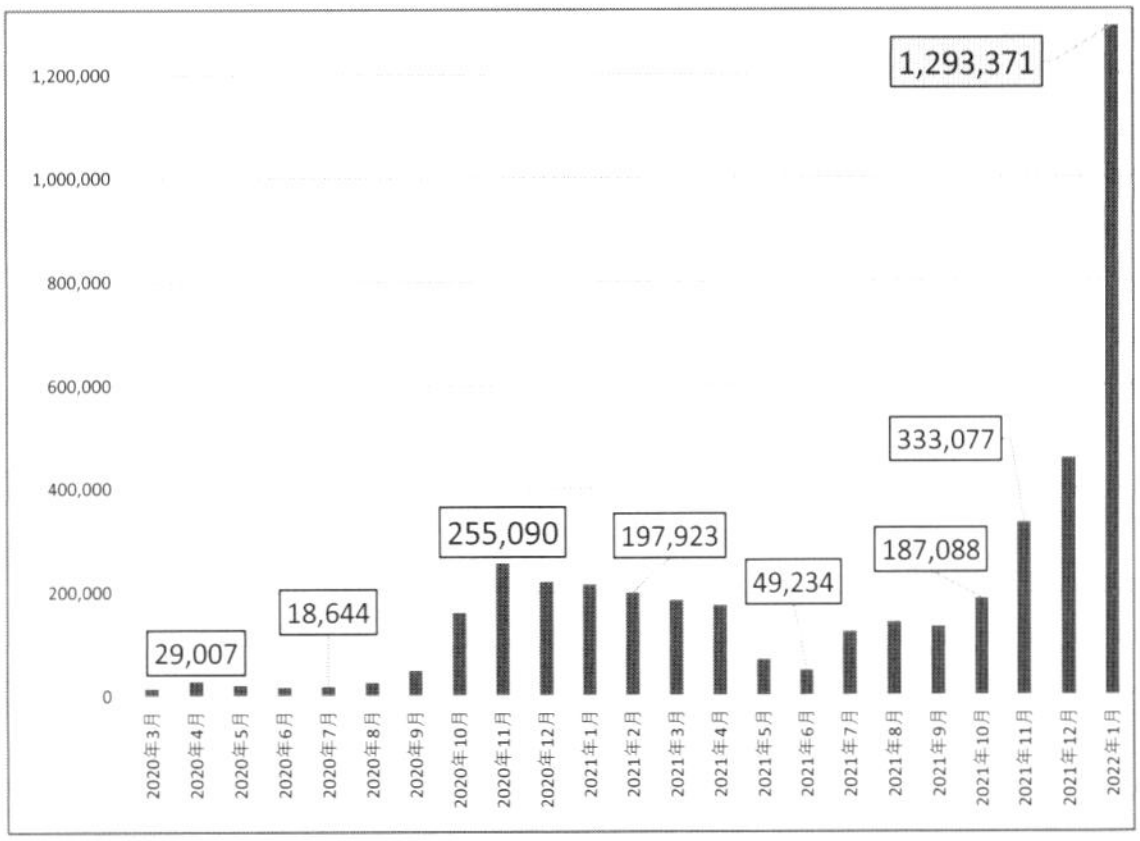

（出所）厚生労働省「新型コロナの発生状況」より末廣昭集計のうえ作成。

でした。それが五〇〇〇万人から六〇〇〇万人のときには一か月未満となり、六〇〇〇万人から七〇〇〇万人のときにはわずか一二日まで短縮しています。一週間で五〇〇〇万人を超える新規感染者が増えているにもかかわらず、ワクチン接種を受けるかどうかは、あくまで個人の選択の問題だと主張する人が多いのです。

同様に、フランスでもマスク着用の指示に対して激しい抗議デモが起きています。マスクの着用を義務付ける政府の政策が個人の自由を制限する根本的な問題であるという議論を米国やフランスではやっているわけですが、「個人の自由」に対する欧米諸国と日本の間の国民の対応の違いが、明確に出てきていると思いました（マスク着用の指示に従わない場合、日本では「世間の眼」が行動を抑制し、中国では地方政府が違反者の身柄を拘束するというより直接的な行動に出ている）。

図表６は欧州の事例を示したものです。アップダウンを繰り返している点は米国と同じですが、上下に振れる幅が米国以上に大きいのが特徴です。例えば、二〇二〇年九月の一日五万人弱から二か月後の一一月には二五万人へと五倍の伸びを示しています。また、二〇二一年六月には一日五万人の水準までようやく下がったものの、二〇二一年末からはオミクロン株の影響で新規感染者の数が先に述べたように急増し、直近の二〇二二年一月には一日一二九万人と、ジェットコースター並みに上昇しています。図表４の感染者の地域別分布で欧州の比重が急速に高まっていったのは、そうした動きを反映したものでした。

二〇二一年八月以降に新しい動きが起きているのがＡＳＥＡＮ地域です、そこで次に、ＡＳＥＡＮ地域についてみていくことにしましょう。

二〇二〇年代前半に、東南アジア諸国が「優等生」だった理由

二〇二〇年四月に、私が代表を務める科研費共同研究会と東京大学社会科学研究所の現代中国研究拠点の共同企画として、「コロナ以後の東アジア」と題するオンライン研究会を開催しました（＊このときのオンライン研究会の成果は、東大社研現代中国研究拠点編『コロナ以後の東アジア――変動の力学』UP Plus 創刊号、東京大学出版会、二〇二〇年九月として刊行した）。そこでの関心のひとつが、二〇二〇年代の前半期に、なぜ東南アジア諸国が新規感染者の抑制拡大に成功したのかという点でした。

報告者のひとりである坂田正三氏（日本貿易振興機構アジア経済研究所）が指摘したのは、中国や感染が広がっていると思われる国からの外国人入国者や帰国者を、早い時期から水際で防ごうとしたからだと説明しています。もっとも、タイは四〇〇〇万人近い外国人観光客の四人に一人が中国人でした。そのため、観光産業へのネガティブな影響を懸念して対応が遅れたものの、ベトナムやマレーシアに続いて、三月末には海外からの渡航者の入国制限を厳格に実施するようになりました。

その後の新規感染者数の推移をみますと、インドネシアやフィリピンに比べて、タイは新型コロナの感染拡大の抑制に成功した国のひとつと言えます。それではタイではなぜそのように感染防止対策がうまくいったのでしょうか。

一つ目の理由は、タイでは二〇一八年末から二〇一九年にかけてＰＭ２・５による汚染がひどく、バンコクの大気汚染の状況は世界ワースト一位。北部のチエンマイ市でも世界ワースト三位という状況が続いていました。そのため、新型コロナが普及したとき、マスク着用はタイ国民にとって慣れ親しんだ行為だった

ということです。

二つ目の理由は、タイはＳＡＲＳが発生したときに、公衆衛生省が迅速かつ厳格な対策を取ったという事実があります。同時に、今回のパンデミックの過程で判明したことは、保健関係の行政能力の高さです。日本の場合、厚生労働省の仕事は医療行政が中心を占めます。保健所よりも病院が中心なのです。これに対して、タイをはじめ東南アジア諸国では、熱帯地域固有の感染症があるため、保健所の権限や業務が私たちが思っている以上にしっかりしています。タイでは公衆衛生省のもとに保健局と医療局という二大部局があり、次官は両局から交互に出すという暗黙の取り決めがあるほどです。つまり、タイでは公衆衛生省やその管轄下にある対策本部が、日本以上に重要な役割を果たしてきました。

三番目に大きな理由だったのは、タイ人はお化けに対してものすごく警戒心が強い。タイ語で「ピー」と言いますが、要するに目に見えないものを日ごろから怖がるので、ウイルスに対しても、お上が何か言わなくても自分で率先して警戒し自粛するのです。

以上の結果、タイはベトナムなど共に、二〇二〇年は「コロナ防止対策の優等生」と見なされていましたが、二〇二一年に入ると事態は大きく変化しました。この点はあとで述べたいと思います。

地域別にみた新型コロナの感染率と致死率

次に図表7と図表8をごらんください。これらの図表は、世界の主要地域と主要国の一〇万人当たりの感染率と致死率（死者数を感染者数で除した数字）、そして高齢化率（六五歳以上の人口が総人口に占める比率）を、二つの時点で整理し比較したものです。最初に二〇二〇年七月時点での人口一〇万人当たりの感染率と致死率を見てみましょう。注目していただきたいのは、当時感染が広がっていた欧州の八カ国（イギリス、イタリア、オランダ、スウェーデン、スペイン、ドイツ、フランス、ベルギー）や米国の数字が、他地域と比べて大変高い水

図表７　世界の地域別・主要国の人口規模、高齢化、感染率、致死率
2020年７月20日現在　（%、人）

地域、国	人口	感染者	65歳以上	感染率	致死率
	%	%	%	10万人当たり	%
アジア25カ国	53.4	13.2	8.5	47	2.5
中国本土 China (Mainland)	18.7	0.6	10.9	6	5.5
北東アジア 6か国・地域	2.8	0.3	16.8	19	3.1
日本	1.7	0.2	27.6	20	3.9
韓国	0.7	0.1	14.4	27	2.1
台湾	0.3	0.0	14.6	19	0.2
東南アジア10か国	8.6	1.5	6.8	33	2.9
インドネシア	3.5	0.6	5.9	32	4.8
南アジア7か国	23.3	10.9	5.9	88	2.2
インド					
ヨーロッパ 55か国	10.9	19.5	14.1	338	7.2
重感染国8か国 **	4.7	9.5	20.0	380	12.4
その他ヨーロッパ	6.2	10.0	13.1	306	2.2
北米2か国	4.8	26.9	16.5	1,067	3.8
米国	4.3	26.2	15.8	1,154	3.7
カナダ	0.5	0.8	17.2	303	7.9
中南米33か国	8.3	26.4	8.4	598	4.3
中東北アフリカ22か国	7.4	9.6	4.1	245	2.5
サハラ以南アフリカ47か国	14.0	4.2	3.5	57	1.6
オセアニア、大洋州5か国	0.5	0.1	9.9	35	1.1
合計188か国・地域	**100.0**	**100.0**	**8.9**	**189**	**4.2**

（注）（１）北東アジア６カ国・地域は日本、韓国、香港、マカオ、台湾、モンゴル
（２）ヨーロッパの重感染国は、イギリス、イタリア、オランダ、スウェーデン、スペイン、ドイツ、フランス、ベルギー
（３）高齢化率は65歳以上の高齢者人口が全体の人口に占める比率
（出所）厚生労働省のデータベースより末廣昭作成。

準だったという事実です。具体的に言いますと、欧州八カ国の一〇万人あたりの感染者数は三八〇人です。世界平均が一八九人ですから約二倍の水準です。致死率を見ても、八カ国だけを取ると一二・四％と、世界平均である四・二％のほぼ三倍の高さです。この数字は恐らく欧州では重症化していった感染者に高齢者が多かったことと関係しているように思います。また、感染率だけをとりますと、米国は一一五四人と、抜きん出て高かったことが分かります。

それに対してアジア地域は、感染率で見ると一〇万人当たり四七人、致死率はわずか二・五％でした。感染率の水準は欧州八カ国の八分の一、米国の二五分の一という低い水準でした。中国の致死率は五・五％と、アジアの中では相対的に高い水準を示していますが、これは中国政府が二〇二〇年三月以降、新規感染をほぼ完全に抑え込んだ結果で、感染者の累計数字の低さを示しています（二〇

図表8　世界の地域別・主要国の人口規模、高齢化、感染率、致死率
2021年12月10日現在　（%、人）

地域、国	人口	感染者	65歳以上	感染率	致死率
	%	%	%	10万人当たり	%
アジア25カ国	53.4	20.9	8.5	1,376	1.6
中国本土 China (Mainland)	18.7	0.0	10.9	7	4.7
北東アジア 6か国・地域	2.8	1.0	16.8	1,237	1.0
日本	1.7	0.6	27.6	1,359	1.1
韓国	0.7	0.2	14.4	970	0.8
台湾	0.3	0.0	14.6	70	5.1
東南アジア10か国	8.6	5.3	6.8	2,184	2.1
シンガポール	0.1	0.1	11.5	4,712	0.3
マレーシア	0.4	1.0	6.7	8,478	1.2
インドネシア	3.5	1.6	5.9	1,591	3.4
南アジア7か国	23.3	14.5	5.9	2,196	1.4
インド	17.7	12.9	6.2	2,562	1.4
ヨーロッパ 55か国	10.9	30.1	14.1	9,726	1.9
重感染国10か国 **	4.7	18.2	20.0	11,046	1.7
その他ヨーロッパ	6.2	11.9	13.1	8,222	2.1
北米2か国	4.8	19.1	16.5	14,105	1.6
米国	4.3	18.4	15.8	15,145	1.6
カナダ	0.5	0.7	17.2	4,929	1.6
中南米33か国	8.3	17.4	8.4	7,349	3.3
中東北アフリカ22か国	7.4	9.5	4.1	4,532	1.4
サハラ以南アフリカ47か国	14.0	2.5	3.5	633	2.4
オセアニア、大洋州5か国	0.5	0.1	9.9	824	1.0
合計188か国・地域	100.0	100.0	8.9	3,519	2.0

（注）（1）北東アジア6カ国・地域は日本、韓国、香港、マカオ、台湾、モンゴル
（2）重感染国10か国はイギリス、イタリア、ウクライナ、オランダ、スウェーデン、スペイン、ドイツ、フランス、ベルギー、ポーランド
（3）高齢化率は65歳以上の高齢者人口が全体の人口に占める比率
（出所）厚生労働省のデータベースより末廣昭作成。

二〇年七月時点で、感染者の累計は中国の八万人に対して、米国は三七七万人だった）。

　次に、図表8で二〇二一年一二月時点の感染率と致死率の状況を見ておきましょう。感染率は、世界の累計数が増加した結果、いずれの国や地域でも上昇しています。アジア地域の一三七六人に対し、中南米が七三四九人と約五倍、欧州の重感染国一〇カ国（先の八カ国にウクライナとポーランドを加えたもの）が一万一〇四六人と八倍、米国に至っては一万五一四五人と一一倍になっています。二〇二〇年七月のときよりアジアとの差が広がっている点が特徴です。

　一方、致死率のほうに目を転じると興味深い事実を見出すことができます。すなわち、世界平均である二・〇％に対して、アジア地域が一・六％、欧州重感染国一〇カ国が一・七％、米国が一・六％と、ほぼ地域差がなくなり平準化してい

るからです。比較的高い数字を示しているのは、インドネシア（三・四％）や中南米地域（三・三％）ですが、二〇二〇年のときほど、地域間の差はありません。また、死者が多数出ているように思われるインドの場合でも、致死率は一・四％と、世界平均を下回っています。これは、インドの高齢化率が六・二％とまだ低いうえに（日本の高齢化率は二八％）、総人口が一三億を超える人口大国であることが影響していると思います。

ですから、新型コロナの影響の度合いを、何を使って測るのか、あるいは何を指標にとって地域別に比較するのかは、とても大事なことだと考えます。日々の新規感染者の絶対数なのか、感染率なのか致死率なのか、感染者のうち重症化する人の比率なのか。そのあたりを十分検討する必要があると感じています。

補論　二〇二二年二月一日現在の感染率と致死率

二〇二一年末からのオミクロン株による感染者の急増を受けて、感染率と致死率にもかなりの変化がみられました。そこで、ここで数字の更新をしておきたいと思います。まず世界の一〇万人当たりの感染者数は一二月一〇日現在の三五一九人から二〇二二年二月一日には四九五八人へと、二か月も経たない期間に一・四倍も増えました。一方、致死率は同じ期間に二・〇％から一・五％へと下がっています。米国は一万五一四五人、一・六％から二万二九一一人（一・五倍）、一・二％へ、欧州の重感染国一〇カ国は一万一〇四六人、一・七％から一万九五二七人（一・八倍）、一・一％へと変化しました。

この数字を、アジアの二月一日の数字である一六五二人（一二月一〇日から一・二倍）、一・四％と比べますと、アジアでは感染拡大が相対的に抑えられたため、欧米諸国との差が一層開くと同時に、致死率の方はアジアが欧米諸国を上回るという逆転現象が生じています。これらの数字を見る限り、欧米諸国では新型コロナが通常のインフルエンザに近づいているようにも感じられます。ちなみに、日本は同じ期間に感染率は一三五九人から二一四七人へと、世界平均よりやや高い一・六倍ほど増加し、致死率は一・一％から〇・

図表9　ASEAN諸国の感染者の比較
2020年6月30日〜2021年12月10日

国名	＊2021年12月10日	＊2021年6月30日	＊2020年12月14日	＊2020年6月30日	21年12月/20年12月	2020年12月/20年6月
	感染者	感染者	感染者	感染者	倍率	倍率
世界計	268,549,752	181,756,172	72,336,167	10,239,954	3.71	7.06
インドネシア	4,258,340	2,156,465	617,820	55,092	6.89	11.21
フィリピン	2,835,593	1,408,058	449,400	36,438	6.31	12.33
マレーシア	2,673,019	745,703	83,475	8,637	32	9.66
タ イ	2,156,587	254,515	4,209	3,169	512	1.33
ベトナム	1,352,122	16,507	1,397	355	968	3.94
ミャンマー	525,403	155,697	108,342	299	4.85	362
シンガポール	271,297	62,907	58,320	43,661	4.65	1.34
カンボジア	120,300	49,255	359	141	335	2.55
ラオス	83,291	2110	41	19	2,031	2.16
ブルネイ	15,244	259	152	141	100	1.08
ASEAN10 合計	14,291,196	4,851,476	1,323,515	147,952	10.80	8.95
ASEAN10 %	5.3	2.7	1.8	1.4		

（出所）ジョンズホプキンス大学のデータベースをもとに、厚生労働省が毎日発表している数字（新型コロナウイルス感染者に関する報道発表）より末廣昭作成。
https://www.mhlw.go.jp/stf/seisakunitsuite/bunya/0000121431_00086.html

七％に低下しています。

より興味深いのは、新規感染者数の急増が止まらない欧州における致死率の極めて低い数字の推移です。例えば、フランスの場合、二〇二二年一月三一日から二月四日のわずか四日間で、新規感染者数が一一〇万人も増加し、累計数は二〇二七万人に達しました。一方、死者の数は同じ期間に一二七一人で、致死率は〇・一二％です。ドイツの場合には、致死率の低さはもっと顕著です。ドイツでも二月一日から同月六日の五日間に一〇四万人の新規感染者があり、累計数は一一〇七万人に達しています。ところが、この五日間の死者の数は七四三人でした。つまり、致死率は〇・〇七％となります。この数字は日本におけるピーク時（二〇一九年）の新型インフルエンザの致死率〇・一％をすでに下回っています。安易な判断は避けるべきでしょうが、二〇二〇年の新型コロナのときの局面とは変わっていると思います。

ASEAN諸国への感染の広がり、ワクチン接種の遅れ

図表9はASEAN諸国の感染状況について、二〇二〇年の六月と一二月、それから二〇二一年の六月と一二月に

ついてそれぞれ数字をとり、二〇二〇年六月から一二月の半年間の倍率と、二〇二〇年一二月から翌二〇二一年一二月までの一年間の倍率をそれぞれ算出したものです。

図表9から一見して分かるように、二〇二〇年の六月から一二月のときにはフィリピン（一二倍）、インドネシア（一一倍）、マレーシア（一〇倍）で感染者の数が増加していきました。ミャンマーは六月時点の数字が二九九人だったので、半年で三〇〇倍以上の伸びとなっていますが、絶対数そのものは決して多くありません。一方、感染防止に成功していた国は、シンガポール、タイ、ベトナムです。

ところが、二〇二一年に入るとインドネシア、フィリピンの六倍に対して、マレーシアは三二倍、タイは五〇〇倍以上、ベトナムに至っては一〇〇〇倍近い、爆発的な増加を示します。タイでは二〇二〇年一二月に、バンコク近郊のサムットプラガーン県の中央エビ卸し市場のミャンマー人移民労働者の間で集団感染が発生し、次いで二〇二一年四月にはバンコクの夜の歓楽街で、さらに五月には刑務所や拘置所で、それぞれ大規模かつ複数の集団感染が発生して、感染者の数が急増しました。タイの一日の新規感染者数は二〇二〇年夏ごろには一桁台であったのが、二〇二一年の七月以降には一万人を超え、八月には二万人を超えるようになります。

それでは、感染防止の優等生であったタイやベトナムでなぜ、二〇二一年に入って急速に新規感染者が増えたのでしょうか。それにはいくつかの理由があります。政府による国内の人の移動や外出制限などを緩和したことや、デルタ株が波及したことなども、そうした理由のひとつです。ただし、大きな理由として、こうした国でワクチン接種の対応が遅れたことを指摘できるでしょう。そこで、主な国のワクチン接種の状況を図表10で見ておきたいと思います。

図表10で棒グラフの色が濃い国は欧米諸国やアジア地域の中で先進国に所属する国（シンガポール、日本、韓国）を指しています。さて、九月七日時点で、二回のワクチン接種を終えた人々の総人口に対する比率を

図表10　アジアと欧米諸国のワクチン接種率：
2021年9月7日　（2回目終了、人口比%）

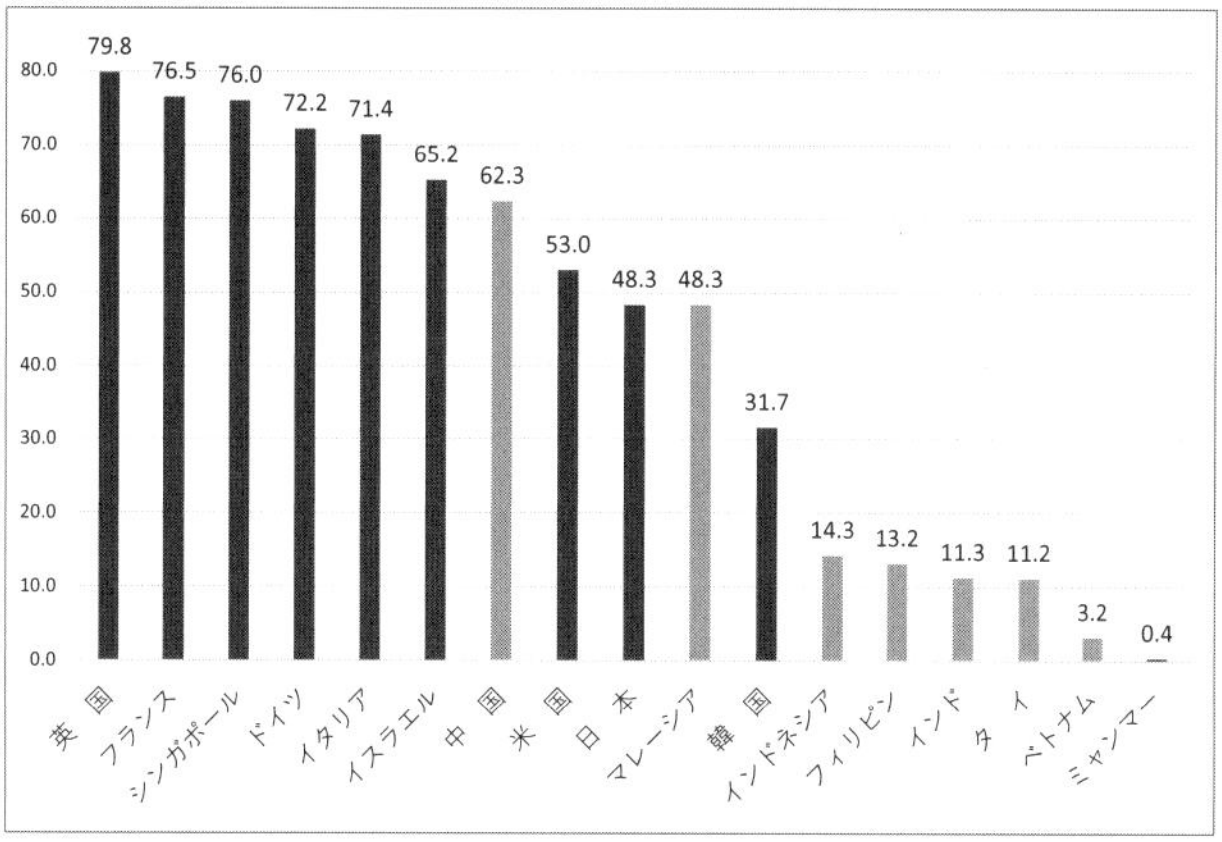

（出所）日本貿易振興機構（ジェトロ）「海外主要国・地域におけるワクチン接種（2021年9月7日更新）」ほかより末廣昭作成。

みると、欧州とシンガポールが七〇%を超え、米国（五三%）と日本（四八%）、マレーシア（四八%）が中間の水準にいることがわかります。これに対して、他のＡＳＥＡＮ諸国、つまりインドネシア、フィリピン、タイは軒並み一〇%台という低い水準でした。さらにベトナムは三%、ミャンマーに至っては一%にも達していません。

それではＡＳＥＡＮ諸国はどういう種類のワクチンを使用していたのか、その点を企業別に示したものが図表11です。やや色の濃いのが中国のシノバック、シノファーム、やや色の薄いのが、ファイザーやモデルナ（以上米国）とかアストラゼネカ（イギリス）です。日本とか欧米諸国が使用しているワクチンは、おしなべてファイザーをはじめ、アストラゼネカ、モデルナ、ジョンソン&ジョンソンといった欧米の製薬会社の製品です。

一方、タイ、マレーシア、インドネシア、フィリピンはいずれもシノバック・バイオテック社（科興控股生物技術）という中国製薬会社のワクチンを使っています。メディアを通じてご存じのように、シノバック製ワクチンの抗体の確率は、例えばファイザー製が八五%とか九〇%に対して、五〇%とか六〇%とかそう高くないと言われています（もちろん中国政府はその報道を否定しておりますが）。つまり、ワクチン接種率が低いうえに、ワクチンの感染防止効果も低いということになります。

この講演を行っている九月時点では、ＡＳＥＡＮ諸国にもファイザーやアストラゼネカが輸入されるよ

図表11　アジア諸国と欧米諸国のワクチンの製造メーカー　（2021年９月現在）

国名	シノヴァック	シノファーム	ファイザー	アストラゼネカ	モデルナ	J&J
中 国	◎	◎				
タ イ	◎		予定	◎	予定	予定
マレーシア	◎		◎	○		承認
インドネシア	◎	○	△	○		
フィリピン	◎	△	○	○	○	
ベトナム		○	△	◎	○	
シンガポール			◎		◎	
日 本			◎		○	
米 国			◎		◎	
英 国			◎	◎	○	○
ドイツ			◎	○	○	△
フランス			◎	○	○	△
イタリア			◎	○	○	△

（出所）日本貿易振興機構「海外主要国・地域におけるワクチン接種（2021年９月７日更新）」より末廣昭作成。

うになってきました。とはいえ、主流は中国製ワクチンを使っている。そこで、次のテーマである「中国のワクチン外交」になるのですが、そのテーマに移る前に、なぜＡＳＥＡＮ諸国ではワクチン接種率が低いのか、そして、なぜワクチンを中国のシノバック製などに依存するのかを考えてみたいと思います。

例えば、タイではなぜワクチンの接種率が低いのかといいますと、一つ目は、対策本部が二〇二〇年の段階では、感染防止に一定成功したと判断して、ワクチンの確保にとりかかるのが遅かったという点があります。もう一つは、タイで無償配布されるワクチンには二種類あり、両者が事実上ワクチン市場を独占していたという事実があります。一番目の企業は、アストラゼネカから生産を委託されているサイアム・バイオサイエンスという企業ですが、この会社は現国王（ラーマ一〇世王）が個人的に株式を保有している会社です。二番目の企業は中国のシノバック社ですが、じつはこのシノバック社のワクチン開発・製造部門の子会社に、タイで最大の華人系財閥であるＣＰグループが二〇二〇年一二月に一五％出資しました。ということで、タイでは「ワクチン供給は国王の関連会社と中国と結びつきの強い財閥が独占している」ということが言われました。

もっとも、欧米の製薬会社のワクチンの普及が低かった大きな理由は、ファイザー製のワクチンの場合、その輸送や保存の温度管理など

図表12　世界主要国のワクチン接種率（2回完了）、2021年3月から2022年1月　（%）

Code	地域、国名	*3/15	*6/15	*9/15	*12/15	*1/24
1	世　界	1.2	6.8	31.1	45.8	52.2
2	米　国	13.4	46.5	54.8	61.5	63.2
4	EU 加盟国	3.5	25.6	61.0	68.2	70.8
5	南アメリカ地域	1.5	10.7	36.1	61.8	66.8
6	アフリカ地域	0.1	0.9	3.7	8.2	10.5
7	アジア地域	0.1	2.7	33.8	51.7	60.3
8	シンガポール	4.5	36.5	82.2	85.7	87.1
9	韓　国	0.0	6.9	41.5	81.7	85.5
10	中　国	n.a.	n.a	70.8	83.6	84.8
11	日　本	0.0	6.8	52.9	77.9	79.1
12	マレーシア	0.1	4.5	55.7	78.0	78.4
13	ベトナム	-	0.1	6.1	57.4	73.3
14	タ　イ	0.1	2.6	19.0	62.4	68.4
15	インド	-	3.4	13.2	38.0	49.5
16	インドネシア	0.6	4.2	15.6	n.a.	43.8
17	ミャンマー	0.1	2.8	5.9	23.8	32.0

（出所）Our World in Data, "Share of people vaccinated against COVID-19," より末廣昭作成。https://ourworldindata.org/covid-vaccinations, 2022年1月27日アクセス。

が難しく、輸入が困難だったという事情があります。また、ファイザーやモデルナが自国や先進国への供給を優先させて、新興国や発展途上国へのワクチン供給に消極的だったことも理由のひとつでしょう。これに対して、シノバック製のワクチンは扱いが比較的容易で、しかも中国政府が当初は無償でワクチンを提供していました。次に取り上げる「ワクチン外交」がそれです。

補論　世界の地域別ワクチン接種率の推移

講演のときの世界のワクチン接種率のデータ（二回接種した人の総人口に対する比率）は二〇二一年九月段階で終わっていましたので、最新のデータで補足したものが図表12です。

世界全体では、二〇二一年六月の七%から二〇二二年一月末には五〇%を超えるまでに上昇しています。ただし、オミクロン株の出現により、ワクチン接種の三回目、四回目の必要性が声高に言われていますので、接種率の基準も変更する必要があるかもしれません。次に地域別に見ると、ＥＵ加盟国の平均が七一%と最も高く、以下、中南米、米国、アジアとなっています。アジア地域は二〇二一年六月当時三％と、欧米の水準から大きく遅れていましたが、一二月には五〇％を超えました。ただし、アジア地域の中では国の間で接種率に大きなばらつきが見られます。シンガポール、韓国、中国、日本は八〇％を超えていますが、ミャンマーは三二％、インドネシアは四四％の低水準です。

なお、地域別のワクチン接種率で最も気になる点は、アフリカの水準が一〇％台と極端に低い点です。幸い爆発的な感染は南アフリカを除けば、まだ発生していませんが、ひとたび集団感染が各国で発生すれば、ワクチン接種率の低さや医療体制の不備から、深刻な事態に発展しかねません。国際機関や日本を含む先進国が中心となって、アフリカへの医療支援体制を今から強化する必要があると考えます。

Ⅱ　中国のワクチン外交と「一帯一路イニシアティブ」

世界の感染者とG7、G20、一帯一路沿線国

中国のワクチン外交について説明する前に、G7、G20、そして中国が推進する「一帯一路イニシアティブ」の沿線国六六カ国（Belt and Road initiative＝BRI66）のそれぞれが、世界の感染者の累計数にどの程度の比重を占めてきたのか、その点を図表13で確認しておきたいと思います。

G7は言うまでもなく、米国、カナダ、日本、イギリス、フランス、ドイツ、イタリアの先進国七カ国からなるグループです。G20はG7にロシア、中国、インド、インドネシア、ブラジル、EUの代表などを加えた拡大首脳グループです。また、BRI66は中国がインフラ整備など経済協力を約束している「陸のシルクロード」の沿線国六四カ国に、イタリアと中国自身を加えたものです。なぜこのような計算をするかといいますと、新型コロナのようなパンデミックが発生したときには、感染対策やワクチン提供、コロナ後の経

図表13　コロナ感染者数とG7, G20, and BRI 66、
2020年4月1日～2022年2月1日　(%)

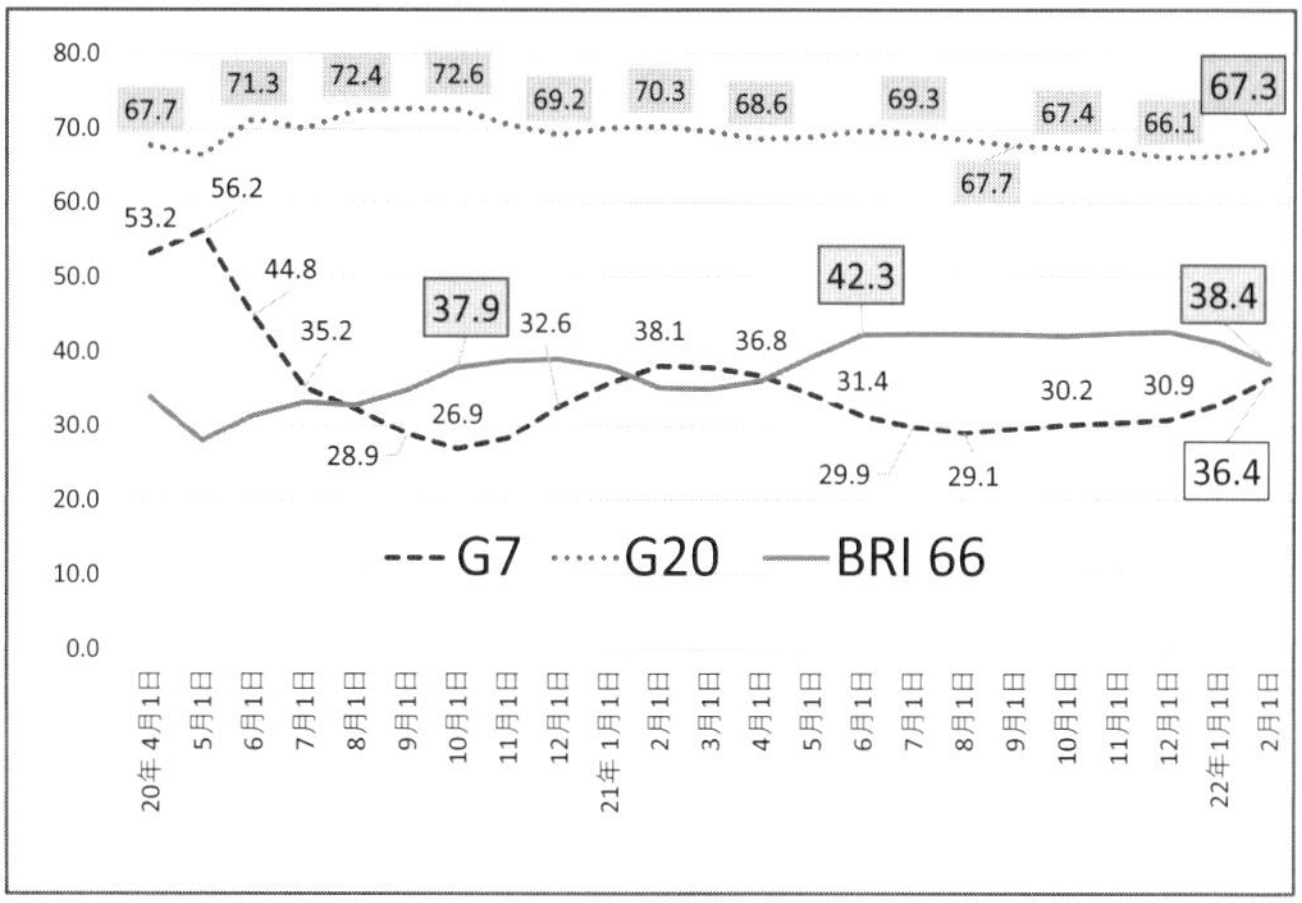

（注）BRI66は、一帯一路イニシアティブ（Belt and Road Initiative）の沿線64カ国にイタリアと中国を加えた66カ国

済復興などで、グローバル・リーダーシップの発揮が必要不可欠だからです。

そこで、図表13を見ますと、国際協力の中心にいるべきG7のメンバーの感染者数の比重は、二〇二〇年五月五六%から一〇月には二七%にいったんは下がりました。ところが、二〇二一年に入ると再び上昇し、さらに同年八月の二九%を底に、その後は欧米諸国の新規感染者の急増のために、二〇二二年二月には三六%を占めるまでになっています。また、G7を含むG20の場合には、世界の感染者累計数の六六%から七〇%近くを絶えず占めています。このことが何を意味しているかと言いますと、G7を構成する先進国やロシア、インドなどは、自国の感染防止で手いっぱいで、新興国や発展途上国に対するワクチン供給や、彼らの経済復興を手助けするだけの財政的余力がとてもないということです。

一方、BRI66は、中国が「一帯一路イニシアティブ」を通じて、インフラの整備や経済協力を約束している相手です。今回のようなコロナ禍が生じれば、中国には彼らに手を差し伸べる必要があります。このBRI66の感染者の数は、二〇二一年五月以降はG7の感染者数の総数を絶えず上回ってきました。そのため中国政府は二〇二〇年の早い時期からワクチン開発を進め、二〇二一年からワクチンの無償提供と輸出を開始します。これがいわゆる「ワクチン外交」です。

「ワクチン外交」と「一帯一路イニシアティブ」

二〇二一年二月一日に中国政府はワクチンの無償提供を開始しました。パキスタンが最初で、その後はブルネイ、ネパール、フィリピン、ミャンマー、カンボジア、ラオス、スリランカ、モンゴル、ベラルーシ、シエラレオネ、ジンバブエなどで、ほぼ「一帯一路イニシアティブ」の沿線国か、「一帯一路協力覚書」に署名した国と重なっております。二月に開始し、六月くらいまでに途上国五〇カ国以上に合計六億回分のワクチンを無償提供したと報道されています。また、無償提供とは別に、同じ二月一日からはワクチンの輸出も開始しています。こちらの輸出先はインドネシア、マレーシア、パキスタン、トルコ、アラブ首長国連邦、ブラジル、メキシコ、チリなどです。アジアと中近東の国々は「一帯一路イニシアティブ」の沿線国、チリは「一帯一路協力覚書」の署名国です。

このような中国の「ワクチン攻勢」に対して、危機感を強めた米国のバイデン大統領は、二〇二一年六月にG7首脳会議に出席するために訪れたイギリスで、コバックス（COVAX：ワクチンの公平な配分を実施するための国際枠組み）を使って、途上国に五億回分のファイザー製ワクチンを無償提供する方針を表明しました。さらに九月にも追加で五億回分のファイザー製ワクチンを二〇二二年から提供すると約束しています。米中の対立はいまやワクチンをめぐる主導権争いに発展したわけです。

それでは、「一帯一路イニシアティブ」とはどういう戦略なのでしょうか。もともとは二〇一三年に習近平国家主席が提唱した対外経済外交政策のことです。二〇一三年九月にはカザフスタンのナザル大学で、習近平国家主席が「新シルクロード経済ベルト構想」（いわゆる陸のシルクロード）について演説し、翌一〇月にはインドネシアの国会で「21世紀海上シルクロード構想」（海のシルクロード）を発表しました。このうち、「陸のシルクロード」は、中国内陸部の西安を起点に西に進み、中央アジアを経由してイスタンブールから北上し、モスクワを経由してオランダのロッテルダムに到達する輸送路の整備を意味します。その目的は、中国製品を鉄道網を使って欧州市場に運び、併せて沿線国のインフラを整備して中国の影響力を強めるというものでした。二〇一七年五月に北京で第一回目の「一帯一路サミット」が開催されたときには、一四〇カ国と八〇の国際組織の代表が参加し、さらに一四〇カ国のうち二九カ国は国家元首が参加するという、中国の勢いを世界に顕示するセレモニーになったのです。

六つの経済回廊から経済大国外交へ

ところが、二〇一七年一一月にバンコクで開かれた中国とタイのメディアによる「一帯一路イニシアティブ」に関する国際共同シンポジウムの場に提出された地図を見ますと、もはや当初の一本の輸送路ではなくなったことが判明します。つまり、二〇一七年には「陸のシルクロード」は六つの経済回廊に構想が変化しています。

具体的には、①従来の西安を起点とするルート（中国＝中央・西アジア経済回廊）に加えて、②北京からウルムチ経由でモスクワへと延びる新ユーラシア大陸ブリッジ経済回廊、③北京からシベリアに北上する中国＝モンゴル＝ロシア経済回廊、④昆明からラオス＝タイ＝マレーシア＝シンガポールへと南下していく中国＝インドシナ半島経済回廊、⑤同じく昆明からミャンマーを通過してインド洋に出る中国＝ミャンマー＝バングラデシュ＝インド経済回廊、⑥カシュガルを起点にインド洋に面したグワーダル港に出る中国＝パキスタン経済回廊、という六つの経済回廊へと変貌していきました。中国製品を欧州市場に鉄道で運ぶという「線」の確保から「面」の展開に、そして沿線国との多方面での経済関係の強化を狙った戦略に再編されたわけです。そして、オリジナルの「ワンベルト・ワンロード」（ＯＢＯＲ）から、「ベルト・アンド・ロード・イニシアティブ」（ＢＲＩ）へと名称も変わっていきました。

さらに、二〇二〇年になりますと、中国は沿線国だけでなく、「一帯一路協力覚書」に署名した国との関係を深めるようになります。協力覚書の署名国は、アジアが三七カ国に達しますが（インドは国境紛争を理由に署名を拒否）、注目すべき点は中東・アフリカ地域が四四カ国、欧州地域が二七カ国、さらに中南米地域も一九カ国（ブラジル、メキシコは署名せず）含んでいるという事実です。中南米地域は当初の「陸のシルクロード構想」とは全く関係がありません。むしろ、「一帯一路イニシアティブ」は、ユーラシア大陸の特定地域を念頭に置いた地域戦略ではなく、中国が世界を対象に展開しようとしている新たなグローバル戦略と捉えた方がよいと思います。

中国のグローバル戦略については、後で伊藤亜聖さんから説明があると思いますが、米国に対抗する目的で中国が掲げた「新型大国外交」を指します。では新型大国外交とは何か。習近平国家主席の説明によりますと、中国は世界のそれぞれの国と対等な関係、そして経済発展を通じてWin-Winの関係を作り上げ、同時に「人類運命共同体」という理念を共有する。そして中国のような経済大国の責務は、世界にグローバルな公共財を提供することにある。現在のパンデミックの状況のもとでは、中国製ワクチンがグローバルな公共財になります。したがいまして、「ワクチン外交」は中国がグローバル・リーダーシップを発揮し、米国の覇権に対抗していくための重要な手段になっていると言うことができます。

Ⅲ　アジア通貨危機とコロナ禍

顕在化した三つのリスク――グローバル化、高齢社会化、経済のサービス化

続きまして、三番目のテーマであるアジア通貨危機とコロナ禍の特徴の比較に移りたいと思います。今回

のコロナ禍でどういうリスクが顕在化したかといいますと、一番目が、グローバル化と人の国際移動がもたらすリスクと危険性です。グローバル化と人の移動が進んでいった結果、新型コロナの感染が急速に広がっていったことは誰の目にも明らかです。そのことから行き過ぎたグローバル化への警戒心が生まれました。

二番目が、感染の初期の頃は強調されていた高齢の感染者が直面する重症化や死亡のリスクです。前掲の図表7で確認しましたように、二〇二〇年前半期に致死率の高い国というのは大体高齢化率が高い国でした。現在のデルタ株やオミクロン株は若い世代も感染しますので、必ずしも高齢化率のみが要因とは言えませんが、新型コロナが「高齢社会」のリスクを顕在化させたことは確かです。

とくに二〇二〇年初めに、イタリア北部で感染のスピードが速く、かつ死者の数が多かったのは、イタリアが新自由主義の時代に公共の病院をどんどんつぶしたことで、公共の医療体制が手薄となった。その結果、所得の低い高齢者がかなり犠牲になったと聞いています（この点は国民健康保険制度が未整備で、医療費の高い民間病院に依存せざるを得ない米国で、黒人やスパニッシュのうち貧困層が治療を受けられないまま犠牲になった事例と重なります）。コロナ禍は高齢者のリスクだけでなく、人種や所得の面で社会的に不利な人々のリスクもあぶりだしました。

三番目が、経済のサービス化がもたらしたリスクです。この点はあとでも触れますが、今回のパンデミックで大きな打撃を受けた業界が、航空産業（格安航空会社も含めて）、観光産業、外食産業などであったことは、皆さんもご存じのとおりだと思います。二〇一八年に海外からの観光客の数が三〇〇〇万人に達し、「観光立国」を謳った日本も例外ではありません。

アジア通貨危機の特徴

そこで改めて、一九九七年に勃発したアジア通貨危機に目を向けたいと思います。アジア通貨危機はなぜ起きたのか。この点に注目しますと、大きな問題は次の三つにあったと考えます。一番目は、アジア各国の民間企業がドル資金の借入に依存しつつ事業を拡大した点です。例えば、タイの場合ですと、サイアムセメント社など大企業が事業を拡大する際には、ドルで投資資金を借りて、しかも、それを六カ月ぐらいの短期で借りるのです。満期になるとまた六カ月伸ばしていくという借り換えをやっていく。その結果、ドル債務がどんどん膨れ上がっていきました。そして、一九九七年七月に通貨危機が発生して、一ドル＝二五バーツだった為替レートが、一気に一ドル＝五四バーツにまで下落してしまいました。ということは、一億ドルを借りると、以前は二五億バーツ相当分を稼いで返済すれば良かったのが、五四億バーツに増えてしまった。そのため、深刻な債務危機が発生しました。

二番目は、事業の拡大を海外からの借入だけでなく、国内の銀行からの借入にも依存していたという点です。そのため、企業が債務危機に陥るや、銀行のほうには不良債権問題が発生しました。また、借りた側は大体ファミリービジネスだったために企業ガバナンスも弱かった。その結果、アジア通貨危機後にＩＭＦと世界銀行が導入した「経済立て直し」の三つの柱は、金融制度の改革、企業ガバナンスの強化、破産法など法と制度の整備になりました。

ここで今一度、アジア通貨危機の時の主な特徴を見ておきますと、通貨危機が起こる前に、韓国、インドネシア、マレーシア、タイのいずれの国でも、大体が不動産・株式ブームを伴った経済のバブル化が起きています。そしてこの不動産や株式への投機をドルを借りてやっていたものですから、バブルが崩壊し為替が下落するとドル債務が増えて、企業の債務危機に発展していきました。ところが、ここで注意しなくてはならないのは、この時、アジア諸国で通貨危機と金融危機は起きたのですが、実物経済の方は意外と健全だった事実です。そのために二年ぐらいのうちにアジア経済は回復しております。この点が今回のコロナ禍と違うところです。

三番目は、このときの危機はタイから始まり、韓国、インドネシア、マレーシアと広がりましたが、香港、台湾、フィリピンは比較的ダメージが少なかった。もちろん欧米諸国には広がっておりません。したがいまして、その後の二〇〇七年のリーマンショックや今回のコロナ禍のときのように、世界規模の危機には発展しませんでした。

問題はこのアジア通貨危機を通じて何が新たに登場してきたかという点です。先ず「二〇世紀型」ともいうべきアジア地域の成長パターンの限界が表面化しました。つまり、従来のようなモノづくりを中心とする製造業が成長の牽引力にならず、代わりに金融セクターとＩＴ部門が成長の牽引役になりました。それから、グローバル化に伴って、国を超えたサプライチェーンが広がっていきます。国を単位とした国際分業とか国と国との間の貿易ではなくて、企業を単位とする生産ネットワークやサプライチェーンの構築が重視されるようになりました。

アジア通貨危機が促進した三つの方向性

この章の冒頭で、今回のコロナ禍で三つのリスクが露呈したことを指摘しました。このうち第一と第三のリスクにつながる動きが、実はアジア通貨危機を契機にして進んだ点が重要だろうと思います。

一番目はグローバル化のさらなる進展です。これを加速させたのがＬＣＣ、ローコストキャリアと言われる低運賃の航空会社の登場でした。これによって物の移動も人の移動も容易になり、何より後で触れる観光産業は、ＬＣＣの発展とともに成長していきました。二番目に、アジア通貨危機の後あたりから労働力の国際移動が激しくなります。農水産業や建設業などで労働力不足が顕在化し、近隣の国から外国人労働者を導入する。そういう動きが盛んになっていきます。そして三番目が経済のサービス化です。タイなどでは自動車産業、電子産業などのコアの製造業が外国企業（多国籍企業）の手に移り、ローカルの大手企業は観光産業を支えるホテルなどの不動産開発、ショッピングモール、外食産業などに進出していきました。こうした三つの動きがいずれもコロナ禍によってネガティブのインパクトに変わっていくわけです。

ここでアジア諸国だけでなく、世界のグローバル化や経済のサービス化の動きを確認するために、三つの指標を取り上げることにします。三つの指標とは、世界の貿易（輸出金額）の推移、国際労働力移動（人数）の推移、国際観光収入の推移です。

例えば、輸出金額の増加です。世界の輸出総額は一九八〇年の二兆五〇〇億ドルから二〇一九年には一九兆四五三〇億ドルに九・五倍増加しました。二〇二〇年はコロナ禍の影響で一七兆五八三〇億ドルに低下していますので、比較は新型コロナ以前の二〇一九年の数字で見ます。年増加率でみると、一九八〇年から二〇〇〇年の二〇年間が年五・九％、二〇〇〇年から二〇一九年の一九年間が年六・〇％でした。

国際労働力（移民）の累計数字は、一九八〇年の九三七〇万人から二〇一九年には二億七一六〇万人へと二・九倍の伸びを示しています。一九八〇年から二〇〇〇年の二〇年間は年三・一％、二〇〇〇年から二〇一九年は年二・四％で、年増加率は下がっていますが、一九九〇年から二〇〇〇年の一〇年間をとると一・三％でしたので、アジア通貨危機以後に国際労働力移動が活発になったことが分かります。

最後に国際観光収入は、一九九〇年の二六三〇億ドルから二〇一九年の一兆四〇〇〇億ドルに五・四倍の伸びを示しました。一九九〇年から二〇〇〇年の一・三％の年増加率に対して、二〇〇〇年から二〇一八年は二・四％の年増加率と、一ポイント以上も上昇しています。これらの数字は、いずれも世界経済のグローバル化やサービス化が二〇〇〇年以降、一段と進んでいったことを示していると言えます。

タイにおける外国人労働者と観光産業

ここではタイを事例にして、国際労働力移動（外国人労働者の受入）と観光産業の実態について見ておきましょう。タイにおける外国人労働者は二〇〇一年と二〇〇七年から急激に増え、しかもその大半はCLM（カンボジア、ラオス、ミャンマー）からの移民労働者でした。外国人労働者の数がピークを迎えた二〇一九年の数字を見ますと、総数は二八九万人に達し、そのうちじつにミャンマー人が一八〇万人、ラオス人が二八万人、カンボジア人が五五万人でした。CLMを合計した二六三万人は全体の九一％を占めるダントツの高さです。これらCLMの移民労働者は、天然ゴムやオイルパームの農場の収穫作業員、コメの搬送員、漁業の補助員、水産物市場や建設現場の労働者、多様な製造業の非熟練部門の労働者、家事労働者（高齢者の介護を兼ねる）として、タイの「3K労働」にもっぱら従事していました。タイ経済の底辺を支えている彼らの労働力がなければ、経済が回っていかないほど、重要な地位を占めるまでになっています。

そうした特徴を持つタイの労働市場が、今回のコロナ禍で深刻な打撃を受けました。二〇二〇年三月末の非常事態宣言の発布と海外からの入国の制限は、外国人労働者の新規流入をストップさせることになったからです。その影響はCLMの移民労働者に多く依存する建設業界などで、労働力不足としてすでに顕在化しています。一方、ミャンマーなどに帰国できない移民労働者の間から、二〇二〇年一二月の中央エビ卸し市場のケースのように、集団感染が発生しています（ちなみに、ASEAN諸国で最初に大規模な集団感染が確認されたのは、シンガポールのインド人たち移民労働者の共同宿舎でした）。近隣諸国から移民労働者を受け入れなければ経済が立ち行かず、だからと言って、国内に在留する彼らは集団感染の原因になりかねない。移民労働者政策を今後どうしていくのか。タイはコロナ禍を契機に難しい課題に直面しています。

次に観光産業について見てみますと、タイは日本以上に「観光立国」です。二〇一九年の海外からの観光客数は三九八〇万人と、日本のそれを一〇〇〇万人近くも上回っています。そのうち一〇二〇万人が中国からの観光客ですから、タイへの外国人観光客の四人に一人が中国人という計算になります。二〇〇〇年当時の観光客数が九五八万人（中国本土からは七〇万人）であったことを思い起こせば、タイにおける観光産業の成長がいかに目覚ましいものであったかを理解していただけると思います。

しかも、中国人は欧米人よりはるかに「金離れのよい観光客」でした。その結果、タイの国際観光収入の規模を名目GDPと比較すると（世界銀行の二〇一九年調査）一一・一％にも達しています。この数字は、アンコールワットなど国際的観光地を有するカンボジア（一七・六％）を別としますと（そもそもカンボジアのGDPの規模はタイの二〇分の一です）、観光国で有名なスペイン（五・七％）やフランス（二・三％）をも大きく上回る数字です。ちなみに、「観光立国」の看板を掲げた日本は〇・九％でした。二〇一〇年代以降、労働集約型産業の競争力が低下し、一次産品の国際価格も下落して輸出金額も伸び悩んでいたタイとしては、観光産業を軸にして「経済のサービス化」を進めることが国家的課題となっていました。

その観光産業が新型コロナの影響でほぼ壊滅的な状態に陥りました。月別データをみると、二〇一九年一二月の入国者数が三九五万人、翌二〇二〇年一月が三八一万人であったのが、三月末の海外からの入国制限によって、四月以降の観光客数はゼロか一万人以下に激減したからです。タイ政府はさまざまな形で観光地の支援を試みていますが、以前のように観光産業の隆盛を再現できるかどうかは疑問です（タイの外国人入国者の推移は、二〇一九年三九九二万人、二〇二〇年六七〇万人、二〇二一年三〇万人。他方、日本の外国人入国者の推移は、二〇一九年三一一八万人、二〇二〇年四三〇万人、二〇二一年三五万人で、タイに劣らず激しい落ち込みを示している）。

三つのグローバル危機とＩＭＦの世界経済予測

以上のように、コロナ禍がグローバル化した世界各地に、いろいろな影響を与えているということは理解していただけたと思います。このコロナ禍の影響につきましては、ＩＭＦやアジア開発銀行、そして世界銀行などが、次々と「コロナ禍特集」を組んでいます。二〇一九年四月のＩＭＦの世界経済展望を見ますと、

図表 14　IMF の成長率の予測と実績：アジア通貨危機、リーマンショック、コロナ危機　（実質 GDP　%),

地域・国	アジア通貨危機、2001年10月実績			リーマンショック、2010年10月			コロナ危機、2021年10月予測		
	1997	1998	1999	2008	2009	2010	2019	2020	2021
	実績	実績	実績	実績	実績	予測	実績	暫定	予測
世　界	4.2	2.8	3.6	2.8	-0.6	4.8	2.8	-3.1	5.9
先進国経済	3.5	2.7	3.4	0.2	-3.2	2.7	1.6	-4.5	5.2
米　国	4.4	4.3	4.1	0.0	-2.6	2.6	2.2	-3.4	6.0
E　U	2.6	2.9	2.7	0.5	-4.1	1.7	1.3	-6.3	5.0
日　本	1.9	-1.1	0.8	-1.2	-5.2	2.8	0.0	-4.6	2.4
韓　国	5.0	-6.7	10.9	2.3	0.2	6.1	2.2	-0.9	4.3
発展途上国経済	5.8	3.5	3.9	6.0	2.5	7.1	3.7	-2.1	6.4
アジア	6.5	4.0	6.1	7.7	6.9	9.4	5.4	-0.8	7.2
中　国	8.8	7.8	7.1	9.6	9.1	10.5	6.0	2.3	8.0
ベトナム	8.2	5.8	4.8	6.3	5.3	6.5	7.1	2.9	3.8
インドネシア	4.7	-13.1	0.8	6.3	6.0	5.6	5.0	-2.1	3.2
マレーシア	7.3	-7.4	6.1	4.7	-1.7	6.7	4.4	-5.6	3.5
タ　イ	-2.8	-7.6	4.6	2.5	-2.2	7.5	2.3	-6.1	1.0
フィリピン	5.2	-0.5	3.3	3.7	1.1	7.0	6.1	-9.6	3.2
インド	-0.5	1.9	0.3	6.4	5.7	9.7	4.0	-7.3	9.5

（注）コロナ危機の ASEAN5（インドネシア、マレーシア、タイ、フィリピン、ベトナム）は 2021 年 4 月時点での予測。
（出所）IMF, *World Economic Outlook*, October 2001; *do.,* October 2010; *do.,* October 2021 より末廣昭作成。

世界経済のＧＤＰ成長率は、二〇二〇年予測値が先進国・地域で一・七％、新興国、発展途上国が四・八％でした。コロナ禍が広がる前の数字です。ところが、コロナ禍が広がったことで一年後の二〇二〇年四月の「世界経済の展望」で確認しますと、二〇二〇年の予測値は先進国・地域がマイナス六・一％、新興国、発展途上国もマイナス一・〇％と、劇的に変化しています。この数字の大幅な訂正こそが、コロナ禍が世界経済に与えている影響の深刻さを示唆しているように感じます。

図表14は、アジア通貨危機（一九九七年）とリーマンショック（二〇〇八年）と今回のコロナ危機（二〇二〇年）の三つの経済危機について、危機が生じた年とその後の二年間、もしくは危機をはさんで前後三年間の経済成長率の予測値をまとめたものです。図表から一見して分かるように、アジア通貨危機のときは、影響を受けたのはタイ、インドネシア、マレーシアと韓国でした。先進国の経済はほとんど影響を受けていません。次にリーマンショックのときは、欧米諸国と日本への影響は甚大でしたが、アジア地域は負の影響こそあったものの、欧米ほどには深刻ではありませんでした。

一方、今回のコロナ禍では、先進国経済もアジア経済も、双方が深刻な影響を受けています。ただし、「ゼロ・コロナ対策」をとって、いち早く新型コロナの拡大を封じ込めることに成功した中国のみが、二〇二一年に八・〇％という高い成長率の実現を見込んでいます。この点は、先に紹介した中国の「経済大国外交」の展開と共に、世界経済に占める中国のプレゼンスを一層高める契機になると思います。

Ⅳ 「アジア経済4.0」――コロナ禍後の世界を展望する

外国人労働者依存、福祉サービスの市場化、経済のＩＴ化

コロナ禍が収束したあとの世界はどういう方向に向かうのか（ウィズ・コロナの立場に立てば、「収束」ではなく「共存」となります）、私の考えを述べさせていただきます。これまでの話からおおよそ見当がつくと思いますが、地域大に広がったサプライチェーンや外国人労働者に過度に依存した生産体制に戻っていくのはリスクがあって危険だ。そういう意見は当然出てくると思います。

昨日、福岡ユネスコ協会の人たちとお会いしたとき、福岡市では昨今野菜の値段が上がっているという話になりました。今年の天候不順も理由のひとつですが、福岡市近郊の野菜栽培農家は、結構ベトナム人などの外国人労働者に頼っていた。それが今回のコロナ禍で、彼らが福岡に来ることができなくなって、労働力不足に陥っている。そういう話でした。同じような事態はフランスでも生じています。フランスはＥＵ加盟国の中でも農業大国ですが、果物や野菜の収穫作業は東欧からの移民労働者に頼っていた。そのため、海外からの入国制限で農作業がストップしているという報告がなされています。したがいまして、日本を含めて、外国人労働者の労働にどこまで依存していくのかは、今後の論点になると思います。

次に、福祉サービスの行き過ぎた市場化に対する見直しも起こるでしょう。ここでいう福祉サービスの市場化とは、米国が典型的な国であるように、医療サービスの多くを公共機関から民間の病院へ移すことです。これは福祉国家のもとで肥大化した財政と非効率な公共サービスへの対抗策として、新保守主義の時代（英国のサッチャー、米国のレーガン、日本の中曽根や小泉の各政権の時代）に導入されたものですが、その結果、米国でも欧州でも多数の犠牲者を出しました。かつてのような福祉国家に戻ることはないにしても、行き過ぎた「市場化」については見直しの意見が出ると思います。

最後に、経済のＩＴ化とサービス化について言いますと、こちらは見直しではなく、逆に拍車がかかると予測しています。中国がその先頭を走っているわけですが、テレワークのシステム作りとか、オンライン教育の整備とか、デリバリーサービスの拡充とか、キャッシュレス決済の進展とか、とにかくコロナ禍のもとで進んでいったデジタルがらみの動きは強化されると考えます。

コロナ禍後の世界の三つの特徴

コロナ禍のあとの世界の特徴について三つの点を指摘しておきたいと思います。

一番目。「モノづくりの時代」が終わり、「デジタル経済社会の時代」が本格的に始まる。日本はこれまでモノづくりを基盤に国際競争力を構築し、モノづくりの技術力によって世界の中でそれなりのプレゼンスを示してきました。しかし、モノづくりの技術（人と一体化した技能や技術）を重視する体制は、人工知能（ＡＩ）やＩｏＴを使った、あるいはロボットを活用した経済システムにとって代わられようとしています。日本が得意としてきた積み重ね型のイノベーションは後景に退き、デジタルを活用したプロトタイプ型のイノベーションが中心になっていくのかもしれません。

二番目。「野放しのグローバル化の時代」が終わり、「国家が一定管理するグローバル化の時代」が始まる。

コロナ禍以前のグローバル化というものは、特に国家が介入しないで、市場の論理、経済の論理でどんどん進んできたという側面があります。事実上、野放しの状態にあったと言えます。しかし、サプライチェーンにしろ、国際労働力の移動にしろ、デジタル経済の進展にしろ、何らかの制限なり規制が入ってくる。もちろん、米国や欧州では「個人の自由の侵害」という観点から、人の移動の制限、ワクチン接種の義務化、マスク着用の義務化には激しく抵抗する人々がいます。その一方で、デジタル化の進んでいる中国ではますます「監視社会化」が進んでいます。これからは、管理なきグローバル化ではなくて、管理や監視を伴うグローバル化が進行する可能性があります。

三番目。「米国の単独覇権の時代」が終わり、「米国・中国の二大覇権国の時代」が始まる。①ＡＩを使ったデジタル経済、②管理と監視を伴うグローバル化、③米国の国際社会でのリーダーシップの後退。この三つのうち①と②を推進し、③の穴を埋めるのは、だれが見ても中国でしょう。

米中二大経済大国の対立から民主主義と専制主義の対立へ

三番目の国際社会での米国のリーダーシップの後退については、興味深い論文が米国の代表的な外交雑誌『フォーリン・アフェアーズ』(二〇二〇年三月一八日号)に掲載されています。論文の著者はカート・キャンベルという人で、トランプ政権時代は国務次官補をつとめ、バイデン政権の下では「インド太平洋調査官」という重要な任務を帯びている人物です。彼は論文の中で、米国が世界のリーダーたり得た理由は、経済力と軍事力の圧倒的な優位さだけでは説明しきれないと指摘します。そのほかに、第一に米国国内で優れた統治を維持してきたこと、第二に国際社会に対してグローバルな公共財を提供し続けてきたこと、第三に危機が起きたとき国際的対応のまとめ役を務めてきたこと、この三つがあったからだと述べています。そして彼は、トランプ政権時代の米国はこの三つのどれも満たすことがなかったと主張します。

一方、中国はどうか。中国は新型大国外交の名の下で（承前）、国際社会に対してグローバルな公共財を提供しています。言うまでもなくワクチンの大量かつ無償の提供がそれです。逆に、米国はコロナ禍で疲弊しており、新興国・途上国の感染防止や経済復興に支援を差しのべるだけの十分な余力がありません。米国の国際社会における影響力は明らかに低下しています。

もともと米国の中では、経済面でも軍事面でも急速に台頭する中国に対して、全面的にこれを封じ込める強硬路線ではなく、中国と協調することで中国の将来の近代化（政治の民主化とか言論の自由の確保）に期待するという信頼路線が存在しました。また、オバマ政権の初期には、G7やG20ではなく米中二大経済大国（いわゆるG2）で国際社会を切り盛りする戦略も議論されたことがあります。しかし、オバマ大統領はその後、中国への期待と信頼を放棄し、封じ込めの方針に転じます。トランプ大統領は、ご存知のように「米国第一主義」の立場から経済的に対抗姿勢を強めますが、中国を敵視したわけでは決してありません。

中国を敵視し、対中国強硬路線の旗幟《きし》を鮮明にしたのはバイデン大統領です。彼は世界を民主主義の国と専制主義（Authoritarianism）の国の二つのグループに色分けし、同盟国に対して、専制主義である中国とロシアとの闘いに参加するよう求めました。バイデン大統領は中国がグローバル・リーダーシップを発揮することを明確に拒否したわけです。ただし、バイデン大統領の外交戦略が、「新しい冷戦」の始まりかと言いますと、そうとも言えません。というのも、気候変動や脱炭素社会への取り組みでは、中国との協調に同意しているからです。

日本はこれまで米国とも中国とも仲良くしていくことを基本方針としていました。しかし、「民主主義対専制主義」という二分法のもとでは、ダブルスタンダードを維持することはもはやできません。岸田政権はその点、難しい舵取りを迫られていると言えるでしょう。

図表15　インダストリー4.0、マーケティング4.0、アジア経済4.0

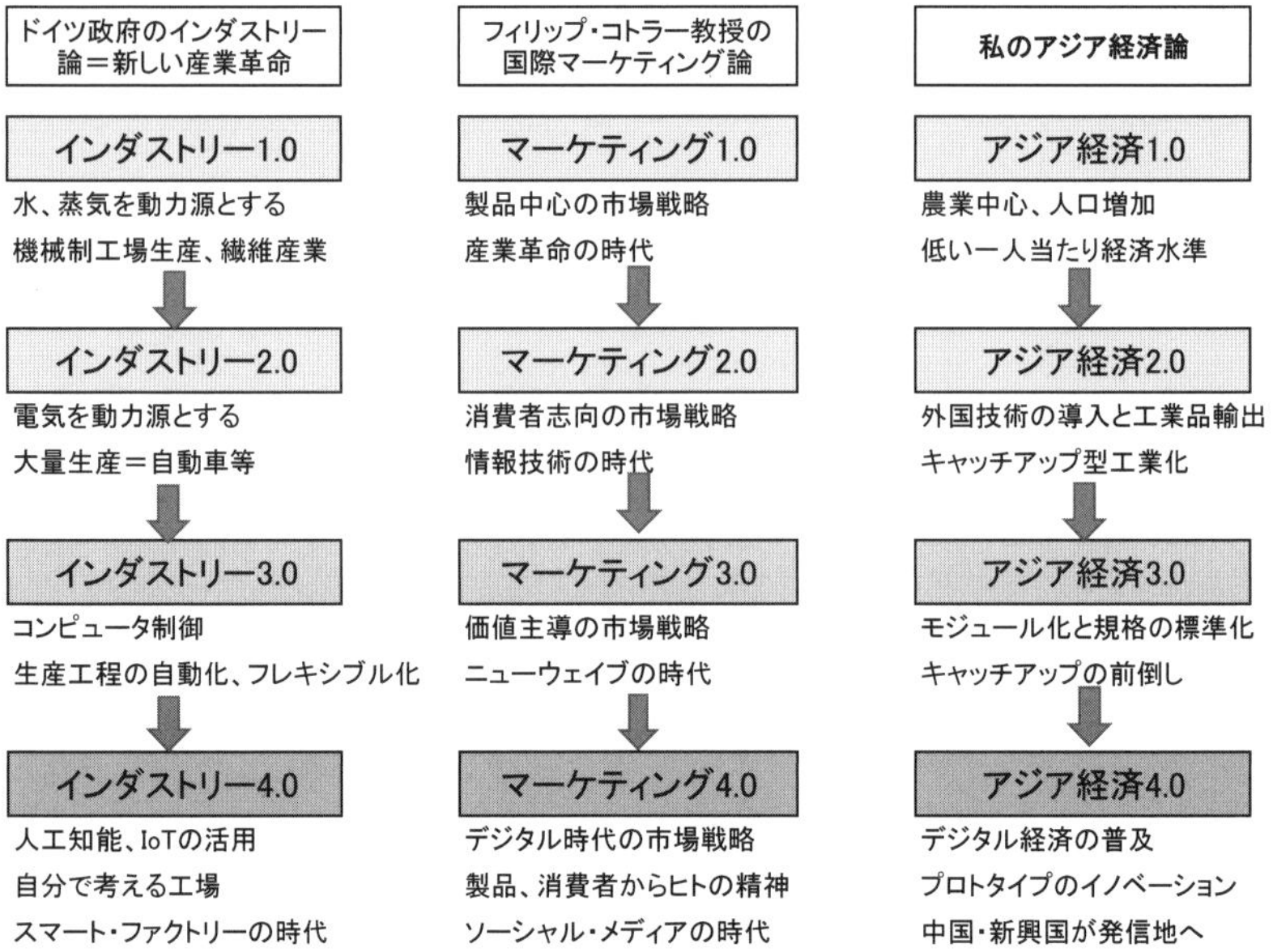

私の「アジア経済4.0」の構想

最後に、「アジア経済4.0」という私の考えを紹介して、この講演を締めくくりたいと思います。「アジア経済4.0」というのは、二年ぐらい前から考えておりまして、福岡ユネスコ協会の山口さんに呼ばれた「アジア勉強会」でも紹介しました。それでは図表15をご覧ください。

図表15の一番左にある「インダストリー4.0」について先ずお話します。これはドイツで議論されている「新しい産業革命論」の中で使用されている概念で、経済や産業を動かす動力源の変遷がステージを区分する指標になっています。「インダストリー1.0」がいわゆる産業革命の時代で、水と蒸気を動力源とします。「インダストリー2.0」が電気を動力源として、自動車を中心に大量生産・大量消費の時代をさします。次にコンピューターが導入され、生産工程の自動化とかフレキシブルな生産体制ができるようになったのが「インダストリー3.0」です。そして現在が「インダストリー4.0」で、人工知能ＡＩとかＩｏＴの活用を基礎に

図表16　世界の一人当たりGDP伸び率とGDP成長率、
1965-1998年　（%）

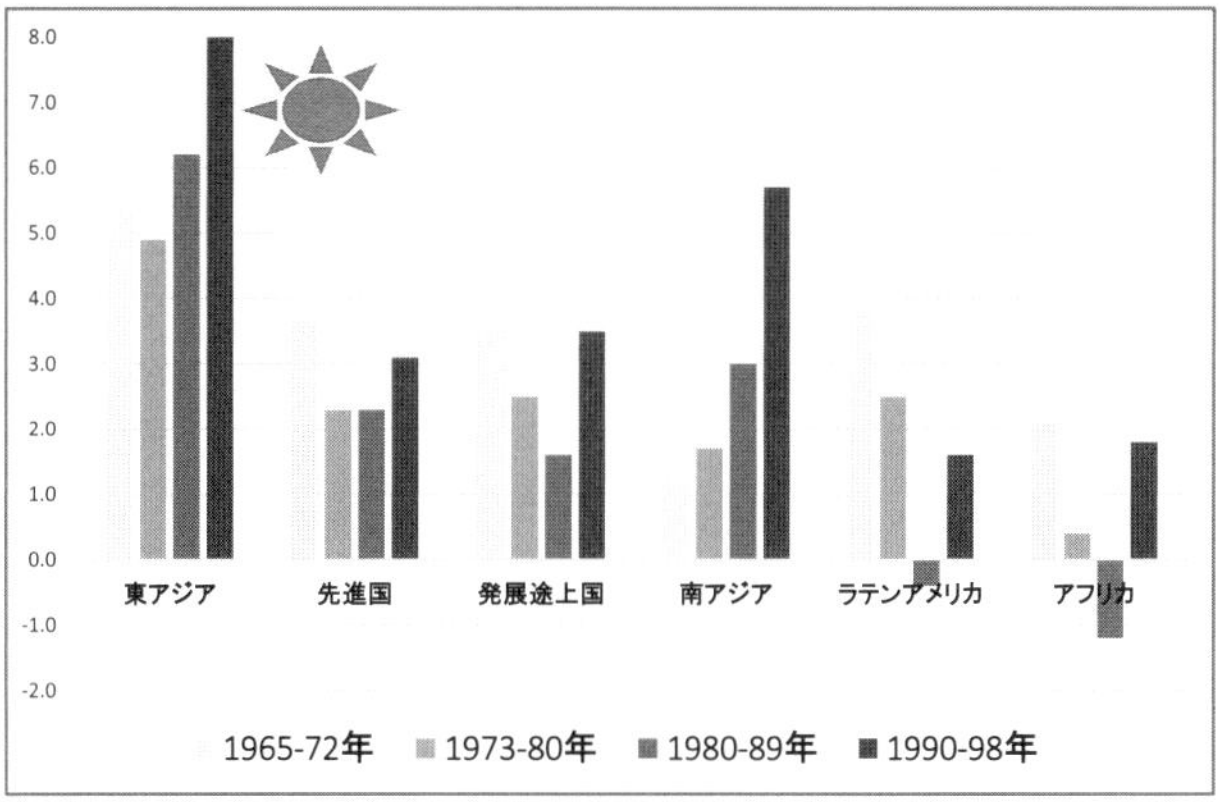

（出所）World Bank, *World Development Indicators, 1991edition, 2000edition* より末廣昭作成。

おく経済体制の時代を指します。これに対応させる形で私が考えているのが、図表15の右端にある「アジア経済1.0」から「アジア経済4.0」までの構想です。

「アジア経済1.0」というのは、まだアジアが貧しく経済成長率が低い時代を扱った議論です。この時代で特に注目すべきは人口の動向で、人口の増加率が非常に高かった時代（人口爆発の時代）です。そのため、一人当たりの実質成長率も低くなりました。

ところが、一九六〇年後半以降になりますと、図表16に示したように、東アジアの成長率は、先進国、発展途上国、南アジア、ラテンアメリカ、アフリカのどの地域と比べても、抜きん出て高くなります。そこで、なぜ東アジアが経済的に高成長を遂げることができたのか。この問いに答えるのが「アジア経済2.0」です。具体的には、私はこの時代のアジア経済を「キャッチアップ型工業化論」の観点から議論しました。日本の経験がその典型であり、米国をはじめ先進国の技術を導入し、先進国に追い付け、追い越せという方針で製造業の国際競争力を向上させてきた。この時代は「モノづくりの時代」でもあります。

ところが、一九九〇年代以降になりますと、日本企業は技術力はあるのに、後発の韓国・台湾、さらには中国の企業にマーケットシェアを奪われていく。例えば、液晶テレビの事例で見ますと、日本企業が製品を開発しながら、生産台数が増え市場が広がると、日本のシェアがどんどん下がっていきます。その背景には

ＩＴ製品を中心に、生産技術の標準化と部品のモジュラー化が進み、後発企業が容易に製造分野に参入できるようになったという事情があります。これが「アジア経済3.0」の時代で、説明するためのツールとしては「アーキテクチャー論」が有用です。

さて、「アジア経済4.0」に話を移しましょう。「アジア経済4.0」の最大の特徴は、「インダストリー4.0」と同じく、経済や社会のデジタル化です。また、コアとなる産業や業種は、従来のような自動車組立産業や電機電子産業ではありません。有望視されている分野は、人工知能（ＡＩ）、次世代モビリティ（ＭａａＳ）、ロボティクス・ドローン、フィンテック、ｅ－コマース、食テックの六つの分野です。ＭａａＳというのは、自動車を資産やステイタス・シンボルとして捉えないで、輸送手段のひとつとして捉えます。電気自動車（ＥＶ）、自動運転、車のシェアなどはいずれもＭａａＳに入ります。そして、これら六つの分野を牽引しているのが、米国のＧＡＦＡ（Google、Apple、Facebook、Amazon）であり、中国のＢＡＴ（Baidu、Alibaba、Tencent）です。そこには、「アジア経済論2.0」を牽引してきた日本企業の姿はありません。「アジア経済4.0」を牽引しているのは中国企業や新興国の企業なのです。

新興国のデジタル化と注目すべき二冊の本

さて、「アジア経済4.0」を展開する上で、あるいは、これからのアジア経済を見ていく上で注目すべき本が二冊あります。

一つ目は高須正和さんたちが編集した『プロトタイプシティ――深圳と世界的イノベーション』（ＫＡＤＯＫＡＷＡ、二〇二〇年）で、二〇二〇年度大平正芳記念賞を受賞しました。二つ目は、私のあとに報告を行う伊藤亜聖さんの著作、『デジタル化する新興国――先進国を超えるか、監視社会の到来か』（中公新書、二〇二〇年）で、こちらの本は二〇二一年度読売・吉野作造賞を受賞しました。この両方の本の執筆に関わっ

郵 便 は が き

料金受取人払郵便

福岡中央局
承 認

59

差出有効期間
2024年6月
30日まで
(切手不要)

810-8790

156

福岡市中央区大名
二ー二ー四三
ELK大名ビル三〇一

弦 書 房

読者サービス係 行

通信欄

年　　月　　日

このはがきを、小社への通信あるいは小社刊行物の注文にご利用下さい。より早くより確実に入手できます。

お名前

（　　歳）

ご住所

〒

電話

ご職業

お求めになった本のタイトル

ご希望のテーマ・企画

●購入申込書

※直接ご注文（直送）の場合、現品到着後、お振込みください。
送料無料（ただし、1000円未満の場合は送料250円を申し受けます）

書名	冊
書名	冊
書名	冊

※ご注文は下記へFAX、電話、メールでも承っています。

弦書房

〒810-0041 福岡市中央区大名2-2-43-301
電話 092(726)9885　FAX 092(726)9886
URL http://genshobo.com/ E-mail books@genshobo.com

図表17　2つのイノベーションの比較：積み重ね型とプロトタイプ型

項　目	連続的価値創造＝選択と集中	非連続的価値創造＝プロトタイプ
典型国	後発工業国、日本	新興国、中国
担い手	大企業	ベンチャー企業
投資モデル	銀行借入（メインバンク・システム）と証券市場	スタートアップ・アクセラレータ、株式上場によるキャピタルゲイン
企画と商品化	入念な準備と試作、満を持して市場に新製品を投入	とりあえずスタート（製作）して市場の反応をみる。プロトタイプ型
特徴	慎重に、時間をかけて。リスク回避	軽く、スピーディに。まずトライ
イノベーション	選択と集中型、積み重ね型イノベーション incremental innovation	プロトタイプ型、カエル跳び型イノベーション flogleaping innovation
起業と存続	少産少死	多産多死
資源の利用	大企業の囲い込み、垂直統合	オープンリソース、シェアハウス
代表的産業	自動車、モノ作り経済	IT製品・サービス、デジタル経済
イノベーションの波及	先発国の開発した製品・技術の世代遅れの採択	先進国と新興国で同時的に伝播。モバイル決済など

（出所）高須正和・高口康太編著『プロトタイプシティ：深圳と世界的イノベーション』KADOKAWA、2020年7月をもとに末廣作成。

ているのが伊藤亜聖さんです。

　図表17は『プロトタイプシティ』の主張を私なりに整理し要約したものです。左側が日本企業の従来のやり方の特徴で、右側が中国の深圳に拠点を置く企業が推進する新しいイノベーションの特徴です。日本企業が代表するイノベーションのパターンは、大企業を中心にして、入念な準備と試作を重ね、満を持して市場に新製品を出していく「連続的価値創造」のアプローチです。キーワードはリスクの極小化、選択と集中の戦略、積み重ね型イノベーションの推進と言えます。図表17で、「少産少死」と書いたのは、企業ができるだけ失敗やリスクを避ける行動様式をとっているという意味です。典型は日本の自動車産業です。

　それと対照的なのが、中国の深圳にオフィスを構えるベンチャー企業の「非連続的価値創造」のアプローチです。その特徴はスタートアップ（起業）型企業が中心で、軽くスピーディーに、そしてまずトライする、失敗することを恐れない、アイディアや技術はオープンハウスでシェアをする。これを高須さんたちは、日本企業の「選択と集中型」と対比させて、「プロトタイプ型」のイノベーションと呼んでいます。このタイプは「多産多死」ですので、五〇〇〇社くらいの企業がトライして

図表18　新興国論の系譜と日本のアプローチ

時期区分	主要論点	日本のアプローチ
1960-1970年代	南北問題の時代	ODAの提供者としての日本
	戦後復興、貧困削減と発展途上国、コロンボプラン	戦後賠償と発展途上国援助
1980-1990年代	工業化の時代	先進工業国としての日本
	新興工業国論（NICs, NIES）、冷戦と開発独裁、プラザ合意、雁行形態	政府開発援助（ODA）の拡大、直接投資（FDI）による工場建設
2000-2010年代	市場の時代	課題先進国としての日本
	ミレニアム開発目標（MDGs）、BRICs論、資源・消費市場への注目、グローバルバリューチェーンの広がり	生産ネットワークの拡大、資源貿易、インフラ投資、中間層マーケティング
2010年代の後半以降	デジタル化の時代	共創パートナーとしての日本
	持続可能な開発目標（SDGs）、保護主義の台頭、グローバル・バリューチェーンの調整、ポピュリズム、新型コロナウイルスの流行	新興国がデジタル化する時代、日本はもはや「先進国」ではない。新興国のデジタル化の可能性を拡大し、同時に、新興国の脆弱性を補完する役割

（出所）伊藤亜聖『デジタル化する新興国：先進国を超えるか、監視社会の到来か』中公新書、2020年、34頁と第6章より末廣作成。

二つか三つの企業が成功すればよいという考え方です。

中国やインドをはじめ、アジア地域の新興国ではこうした新しいタイプのイノベーションが次々と起きており、彼らが逆に先進国の経済体制にも影響を与えている、というのが高須さんや伊藤さんたちの主張です。まさに「アジア経済4.0」のエッセンスを、これら二冊の本は示していると思います。

「アジア経済4.0」と日本の役割

この講演の最後に、「アジア経済4.0」の時代における日本の役割について述べてみたいと思います。私自身は二〇一四年に刊行した『新興アジア経済論――キャッチアップを超えて』（岩波書店）の中で、アジア地域における日本の役割について次のように述べました。日本はかつてアジアのなかで「工業先進国」としての役割を果たしてきたが、すでに韓国や中国の後発企業にキャッチアップされつつあり、分野によっては追い抜かれているケースもある。しかし、日本は長い工業化の歴史のなかで、公害や環境問題、高齢社会への対応、社会保障制度の整備など、新興アジア諸国が今後直面するであろう問題に取り組んできた。その意味で、日本はもはや「工業先進国」ではないものの、「課題先進国」としての経験を有している。ただし、新興アジア諸国に対して日本が発信するためには、「課題先進国」であるだけではだめで、「課題解決先進国」にならなければならない。概ねそういう趣旨のことを主張しました。

伊藤亜聖さんは私のこの主張を引き継いだうえで、日本が新興国・途上国に対してこれまで果たしてきた役割を、図表18のように整理しています。具体的には、一九六〇年代から七〇年代は「ＯＤＡの提供者」として、一九八〇年代から九〇年代は「先進工業国」として、二〇〇〇年代から一〇年代は「課題先進国」として、それぞれ貢献してきました。

では「アジア経済4.0」の時代、もしくはデジタル化が進む二〇一〇年代以降の日本の役割は何か。伊藤亜聖さんは、「新興国の共創パートナー」としての日本を提唱します。日本が一方的に教える立場にはないが、そして、デジタル化について言えば「後発国」であるが、新興国の側でも技術の側面や制度の整備の側面でさまざまの脆弱性を抱えている。それを日本が補完していくのが新しい時代の日本の役割だ、というわけです。先行者から共創者へ、これが彼のメッセージです。この「新興国の共創パートナー」という役割は、これから世界やアジア地域がコロナ禍から復興の段階に入ったとき、日本に対して周りから期待される役割ではないでしょうか。

ということで、時間もきたようですから、バトンを若い世代の伊藤さんに渡したいと思います。ご清聴どうもありがとうございました。（拍手）

中国経済の変貌と危機
――デジタル化、米中対立、新型コロナ

伊藤亜聖

Ⅰ　はじめに

高度経済成長を続ける中国

今日は主に中国の話をさせていただきたいと思います。

私の専門は中国経済です。末廣先生には中国以外の地域、とりわけ東南アジア地域を勉強する機会をいた

だきました。私が今の研究所――末廣先生もいらっしゃった東京大学社会科学研究所――に着任した日にお目にかかって以来、末廣先生が東南アジア、タイをはじめとした国々に調査に行かれるときに付いて行って、ベトナム、マレーシア、インドネシア、ラオス、カンボジアなどを見学する機会を得ました。もともとは中国の製造業の研究をやっていたのですが、今申し上げたような機会をいただいて、議論の範囲も少しずつ広がっています。

私の中国研究の始まりは北京の中国人民大学に留学する機会をいただいたことでした。私は一九八四年生まれで、小学校に入学した年にバブル経済が崩壊する世代でしたので、いわゆる日本の高度成長はおろか、景気の良い時代を見ていません。一方で、末廣先生もそうですし、私の指導教授の世代はまさに日本の高度成長を知っています。私の大学院時代の指導教授の一人（渡辺幸男先生）は中小企業の町に生まれ、高度成長のときの京浜工業地帯、とくに蒲田とか川崎の話をリアルに分かるわけです。私にはそれは分かりません。その代わりに世界第二位、あるいは第一位の経済大国になりつつある中国の高度成長をこの目で見ることができました。

非常に興味深かったのは、高度成長の共通性の発見です。私は中国の製造業、工業団地を研究して現地を訪問します。先ほど申し上げた指導教授と現地調査にいったとき、上海の郊外で、空がくすんで、スモークで黒くなっているわけです。それは二〇一〇年ごろでした。私が「こんなに環境汚染ひどい」などと言ったら、隣にいた渡辺先生が「自分が子どものころの川崎もこうだった」と。高度成長とはこういうものなのか、と私なりに体験することができたのは非常にいい経験でした。

本題に入りたいと思います。今日は二つの疑問を中心に進めます。

第一の疑問は、「なぜ中国はここまで高度成長できたのか？　これからも成長は続くのか？」です。

第二の疑問は、「再台頭した中国はアジアを、そして世界をどう変えるか？」です。

これら二つの疑問の前提となる事実は中国経済の高度成長です。東アジア地域のGDP構成に占める各国の比率を見ると、例えばバブル崩壊直前、一九九〇年時点では、日本一カ国で東アジアの経済の七一%を占める、すごい時代があったわけです。当時、中国はわずか九%です。東アジアGDPの一割にも満たなかったわけです。私は初めて中国に行ったのは九三年の上海ですが、空港や街が暗かったことを覚えています。しかしその後、時代を下ると二〇一〇年に中国のGDP規模のほうが大きくなりました。記憶にある方もいらっしゃると思いますが、大きなニュースだったと思います。二〇二〇年の中国の経済規模は大体、日本の三倍ぐらいです。

私は今、大学で教えていると、学生がもう既に二〇〇〇年以降生まれです。したがって一九八〇年代、九〇年代の話をしても、むしろ「え？　そんな時代があったのですか？」という話になります。日本がアジアにおいて非常に強い存在感があった時代を知らないので、むしろ教えなきゃいけないわけです。ただ、彼ら彼女らが実際に生きていく、あるいは社会に出て活躍していく時代は、二〇三〇年代以降でしょう。少なくとも今起きている、今だと二〇二〇年代に起きていることを正しくといいますか、なるべく客観的に見てもらって、自分で考えてください、と言っています。その意味でも、アジア経済論、末廣先生は先ほどのご講演でアジア経済4.0とおっしゃいましたけれども、新しい視点でぜひとも伝えていかなければいけないのではないかと思います。

コロナ危機以後については中国経済の一層の台頭が進んだという見方があります。日本経済研究センターの二〇二〇年末予測値では、それまでよりも中国の相対的な成長が強くでて、アメリカをより早く抜くとの予想が出されました。中国はコロナ発生・流行の最初の地域でしたが、二〇二一年までコロナ対策が非常に有効に機能した結果、二〇二〇年は主要経済大国の中で唯一プラス成長を記録したわけです。この事実は結構重く、日本企業の海外事業を考えたとき、今の世界で中国市場を捨てることはあり得ないことだ、と伺ったことがあります。

二つの疑問は私自身も考えたい問題ですし、広い意味で重要な論点だと思います。第一の疑問は、なぜ中国はここまで高度成長できたのか。もう一つこれに関連するのは、これからも高度成長は続くのかという疑問です。第二の疑問は、例えば今日のニュースにも出ている、不動産バブルの問題はありますが、バブルが崩壊したとしても中国経済は既に相当大きい。台頭した中国はアジアを、あるいは世界をどう変えるだろうか、大きく分けて、多分この二つの疑問を設定することができると思います。いずれについても、これだという答え、ファイナルアンサーは私も持っていません。しかし幾つかの有力な考え方をご紹介しながら、若干私の視点も提示したいと思います。

Ⅱ　なぜ高度成長できたのか？

高度成長を説明する三つの立場

一つ目の疑問を考えてみましょう。なぜ高度成長できたのか。

経済学には成長会計という分野があり、かなり成熟した分析の手法が発達しています。基本的な考え方は、経済はある箱みたいなものだと。その箱の中に資本——機械とか、新しい投資です——と人材を入れると新しい富が作り出される。そのような考え方です。投入すると産出が出る、箱の中にインプットを入れるとアウトプットが出てくるわけです。

そのときに、どのインプットがどれだけの貢献をしたのかを推計することができます。中国の経済成長率は非常に高い値になって、大体九％ぐらいの成長率でした。そのうち大きな部分は、他の国々もそうですけれども、資本投入でした。分かりやすく言うと、新しい機械を投入し、新しい道路を造ると。その次が人材の投入です。とりわけ働き盛りの人口が増えると経済が活発になるので、その部分がどの国でもプラスになるという議論もあります。

実は大きいのは人、それから機械の投入では説明できない部分です。この成長会計では生産性を高める要因（全要素生産性）というふうに考えます。中国ではこの生産性の貢献が大きかった。もちろん投資、資本の貢献、人口の貢献はありますが、同時に生産性を高めることができたのか理由を探る必要があります。中国の高度成長を説明するときに、大きく三つの立場があると思います。

第一の立場は普遍モデル論です。中国の高度成長は決して特別なパターンではなくて、普通であると。他の国でもよくあるメカニズム、仕組みで説明できるという立場です。そして、第二の立場は中間モデル論。そこまで全ての国ではないけれども、中国はある地域、あるいは国々と共通するパターンをたどっていると捉える立場です。最後の解釈は中国の成長、成功の秘訣は独自の、独特の、あるいは唯一無二の要因、制度によって達成できたという、中国特殊論、あるいは独自モデル論です。

普遍モデル論の視点で一番分かりやすいのが産業構造の転換だと思います。第一次産業中心の経済から第二次産業、第三次産業に転換、うまく転換することができたことです。縦軸に農業の就業者比率、横軸に所得水準をとると、左上が農業中心で低所得の国々から、右下へ移動すると脱農業をして高所得化する傾向が確認できます。石油とかの産油国を除けばほぼこういうようなパターンになると思います。左上から右下に行くパターンです。

中国は非常によく当てはまるわけです。当たり前のように感じますが、こういった構造転換を実現できない国は少なくありません。こういうようなメカニズムに着目すると、中国経済の成長は他の多くの国々と整合的な変化だ、と説明ができます。

二つ目の立場は、幾つかのパターンがあるのですが、一つは東アジアモデル論があり得ます。中国の経済成長のパターンは、他の東アジア諸国と非常に類似しているという見方です。もっと直接的に言えば中国は韓国、香港、台湾、シンガポール等、あるいは日本の成功の秘訣、パターンを学んで、それを取り入れたからこそうまく経済成長できた、という立場です。例えば製造業を育成して工業化した面、働き盛りの人口の貢献が多い点に着目した議論も、特にアジアの経済成長を説明する上ではよく見られるものです。

中間モデル論は他の切り口もあり得ます。一つ、特に今の中国の政治経済を語る上で多分避けて通れないのが国家資本主義と呼ばれる議論です。分かりやすく言うと、国家の介入が強い経済発展モデルになります。比較的代表的な著作の一つがアメリカのユーラシア・グループというシンクタンクを創設したイアン・ブレマーさんの『自由市場の終焉』という本です。ブレマーさんはリーマン・ショックの直後、国際金融市場が機能不全に陥るなかで、中国の外務次官から次のように問われたそうです。「自由市場の失敗を受けて、国家が経済に果たすべき役割を皆さんはどうお考えですか」と。

リーマン・ショックが起きるまではこのような問いかけはなかったそうです。しかし、リーマン・ショックの直後で、考えないといけないということでブレマーさん自身もこの問題を考え始めたそうです。彼の議論によると、ロシア、あるいはサウジアラビア等々の国々でも国有企業が果たす役割は拡大していて、実際、この本が出た後もその傾向が続いたわけです。中国も含めて、国家が重要な産業分野をコントロールすることによって成長できる、というアイデアが強まったのが二〇一〇年代の動きだったわけです。

三つ目は独自モデル論です。中国の特色ある制度が中国の経済成長につながったという立場です。代表的な議論は、中国には選挙はないものの、人事を昇進させる独自の制度がある、と考えます。例えば日本だと、福岡市長選、知事選があるわけです。それから、東京は東京都知事選挙があるし、つまり地域のトップを直接選挙で選ぶわけで、パフォーマンスを見るわけです。今の知事の良し悪しを評価して、投票する。しかし、中国の場合は事実上、中国共産党が「次はこの、例えば広州市のトップは誰々です」と決めるわけです。そこに選挙はありません。上海市もそうです。上海市のトップは中国共産党組織部が決める、北京市のトップもそうです。

それでは、そんなことやったらうまくいかないのではないかと思いきや、あるデータを使って地方官僚の分析をすると、管轄・所轄地域の経済成長率が高いとその後、昇進する確率がはっきりと高くなる分析結果が出ています。つまり福岡市の市長が過去三年、四年のパフォーマンス、例えば経済成長率が高いと、投票を集めるかもしれないじゃないですか。似たような仕組みが、結果的に中国はちゃんと人事を評価している、とみる立場です。昇進制度モデル論と呼ばれています。しかし、この議論には相当根強い反発があって、「いやいや、そうは言っても、例えば中央の政治家と仲がいいと昇進する」とか、「派閥が効いている」とか、いろんな批判があります。そういった批判もありますが、議論としては強い、根強い立場の一つです。

経済成長をこれからも維持していけるのか

もう一つの関連する疑問は、これからも中国の経済成長は続くのかです。肯定的立場と否定的立場があります。先に否定的立場を申し上げると、ダロン・アセモグルという著名な経済学者が共同執筆した『国家はなぜ衰退するのか』という本を挙げられます。中国はどのように位置づけられるか。はっきりと経済成長を維持できないと位置づけられています。なぜか。この本では政治制度が特定の人たちに掌握されている点を強調しています。結果的に経済、市場経済を回すための制度が不完全であると、かなり明確に中国経済の成長が続かないという立場です。

これに対して、特に中国の本土の経済学者は当然反論をしています。その一人に蔡昉という経済学者がいます。蔡先生は中央銀行である中国人民銀行の貨幣委員会のメンバーにもなっている最も有力な学者の一人です。彼は中国の経済成長は、過去三〇年間、人口要因によってサポートされてきた部分が大きいが、これは消滅しつつあると。これからは改革、経済改革、改革ボーナスの時代が来たと見ています。人口ボーナスから改革ボーナスに転換する必要がある。それを実行する上で、特に国有企業改革、それから年金改革によって、まだまだ中国の経済成長は維持できるという立場であります。

もう少し関連する議論をご紹介したいと思います。一つはアメリカのUC（カリフォルニア大学）・サンディエゴという大学の先生で、バリー・ノートンの著作です。『FATEFUL DECISIONS』（重大なる決定）という本に一章を寄稿していて、「Grand Steerage」（偉大なる操縦桿）という論文を書いています。これはすごく面白い論文で、タイトルだけだとよく分からないのですが、それによると「中国政府は巨大なリスクを取って、新興振業の育成に巨額の資金を投入している」と見ています。これは論理的には二つの可能性があって、一つは大成功するかもしれない。人口減少する中国社会の問題、課題を大いに解決していく可能性もあります。もう一方で、補助金は膨大な浪費や汚職につながるかもしれない。債務危機の話にも触れつつ彼は今の中国は「巨大な賭けをしている」と評価しています。中国経済を深く理解しているノートン先生が、成功するか失敗するかという断定を避けています。一番詳しい一人でもそういう状況なので、後のパネルディスカッションで、私に「中国経済はこれからも成功するか」という質問はしないでください（笑）。

もう一つ面白い本は、ブランコ・ミラノヴィッチの『資本主義だけ残った』という本です。この本がユニークなのは、アメリカ流の資本主義と並んで、中国流の資本主義があるというふうに両者の共通点を指摘していることです。米国流のリベラル能力主義の資本主義に対して、中国流の政治的な資本主義があるとの見立てです。中国は資本主義だと言い切っている本の一つです。興味深いのはどちらも結局は同じ問題に直面する、それは所得分配、格差の問題であると指摘しています。中国のアプローチでは腐敗の問題、新興国にならざるを得ないという議論をしています。

この問題設定が意義深いのは、先ほど末廣先生のプレゼンテーションに出てきたように、バイデン大統領は今の世界は自由主義対権威主義・専制主義の対決であるというふうに説明するわけです。世界を二つに色分けするわけです。われわれ自由主義は資本主義体制だけれども、彼らは資本主義じゃない、彼らは違うと言うわけです。しかしミラノヴィッチの議論は、欧米と中国のモデルは根本的には同じだという立場です。中国経済もかなりの程度市場経済、あるいは資本主義のルールによって決まってくる部分が大きいのは事実です。ブランコ・ミラノヴィッチの議論をくみ取って考えていくほうが中国の問題をより深く考えられると私は考えています。

直近の動向を少し補いますと、少子高齢化の問題が非常に深刻化しています。世界の人口センサス、これは一〇年ごとに実施されていて、昨年コロナの中で人口を最も細かく調査する調査が実施されているわけです。末廣先生はまさに人口センサス、アジアの人口センサスの本を編集されています。昨年の中国のセンサスの合計特殊出生率——子どもを産むのに適した年齢の女性が生涯に産む子どもの平均値と言える——が、一・三。これは非常に低いです。日本がコロナの後で一・三を下回るかどうかです。人口を維持するためには二以上、日本の場合、大体二・〇七が必要だとされています。それよりも明らかに低い値です。

さらに、二〇二〇年の新生児数が一二〇〇万人でした。これは大きい数字のように感じるかもしれないですけれども、今一四億人の中国で一二〇〇万人というのは、つい一〇年前まで新生児数二〇〇〇万人程度でしたから、激減です。さらに、二〇二一年の上半期の数字が中国の地方ごとに出ています。非常に深刻な状況です。近いうちに年間の出生数が一〇〇〇万人割れするというふうに言われています。

もう一つの論点が政治的な締付けです。二〇二二年秋に、五年に一度の非常に重要な政治会議の中国共産党の党大会があります。当然、筆頭の論点は習近平氏が第三期をやるのか、一〇年終わって、あと五年、一〇年やるのか。それに向けて、これまでよりも厳しい規制を進める動きが見られています。その筆頭は中国で非常に成長してきたデジタル企業への規制です。二〇二〇年の秋のアリババのアント・フィナンシャルグループの上場が延期になったことは象徴的でした。

それから、二〇二一年七月に教育業界は非営利化しろという通達が突如出ました。これは私も衝撃を持って受け止めました。教育コストが高過ぎるからそれを下げるために、学習塾業界は非営利化せよと。これがむしろ逆効果になる可能性もあると思います。唐突な政治的決定が連続して出てきていると観察しています。

ですので、第一の疑問、なぜ中国はここまで高度成長できたのかへの暫定的な回答は、中国独自モデル論は確かに見るべきものはある。しかし全体から見れば、そういう側面は限られていると考えています。より普遍的なモデル、あるいはアジア型を大いに中国は体現してきたという部分があるととらえています。

それではこれからも成長は続くのかを考えると、考えねばならないいくつかの変化があります。一つは人口の少子高齢化が非常に深刻であること。もう一つは、先ほど最後に触れた、厳しい経済介入が強まっているということです。今までの成長の要因はアジア型、あるいは普遍的なやり方を中国は大いに活用してきたにもかかわらず、成功の要因をある意味で投げ捨てて、独自モデル論のアプローチが強まっているように感じます。これは米中対立が深まっているからやむを得ない、という議論はあり得るかもしれません。そのうえで、経済成長の観点から見ると、大きなリスクを中国は抱え込みつつあるのではないかと私は危惧をしています。

後半の質問です。中国は世界をどう変えるのか、考えてみたいと思います。

中国モデルは魅力的か

これはまさに『北京コンセンサス』という本が出ています。どういう議論かというと、中国型の統治の仕組みが発展途上国に提示されつつある、その結果、アメリカモデル以上に魅力的に多くの国々は思っている。アメリカモデルか北京モデルかを選択しなければならないとすれば、途上国の大多数と多くの中規模、非西洋諸国は後者、すなわち中国モデル、北京モデルに魅力を感じつつある。このような問題意識で書かれているものです。

実際に習近平氏の演説、とりわけ二〇一七年の党大会の三時間の演説の一説はその色が強かったと言えます。演説では「中国の特色ある社会主義の道、理論、制度、文化が発展を続け、発展途上国の近代化の道を広げ、独立を維持しながら発展を加速させたいと願う世界の国や民族に新たな選択肢を提供している」とはっきり述べています。中国モデルを他の途上国、発展途上国に対して提示していく、積極的に売り込んでいくと書いてあるわけです。この演説は、ワシントンでも相当重視されたそうです。二〇一七年の末以降に、当時のトランプ政権の対中政策が急激に強硬化していくわけです。その理由の一つに、この演説は相当効いたと言われています。

ただ、中国経済が拡大し、対外的な影響力を及ぼそうとしても、そのときに何が起きるのかについては幾つかの仮説があると思います。

一つ目の立場は、影響力は限定的だという立場です。これは私の友人の韓国人の研究者と議論しているときに彼が紹介してくれたものです。このアイデアは単純化すれば「China is a big Brazil」であるとの立場です。ブラジルは人口も多いし、新興大国の一つですが、国際秩序を大きくは変えない。ブラジル人は怒るかもしれないですが、そういう見方です。中国は大きなブラジルであるという立場があり得ると。つまり「中国は世界を変えない」説です。

それに対して次の三つは何らかの形で世界を変えるという立場です。

一つ目が回帰説です。中世のときのように、中国が特にアジア地域での覇権を握るという立場。結構これはよくある立場だと思います。パックス・シニカといった言葉もあります。

もう一つは断裂説です。中世に戻るわけではないけれども、断裂的な、非常に大きな世界秩序の激変が生じるという立場です。

最後の一つの立場が再組み換え（Recombination）説です。確かに中国は台頭するけれども、それは既存の、さまざまなルールの中で生じるので、そんなに劇的な変化ではない。ただ、いろんな組み換えがこれから起きるという立場です。

後ろの三つの立場は、ピーター・カッツェンスタインが編集した書籍『Sinicization and the rise of China：civilizational processes beyond East and West』で紹介されている説明です。四つ目の立場の一例と言えるのが白石隆先生の『中国は東アジアをどう変えるか』です。中国の影響力の拡大は部分的にとどまる、との見立てです。例えば東南アジアの中小国は、中国に過度に依存することを回避しようとする。あんまり依存しないように何とか回避しようとする。そのため、特に国際貿易体制に深く組み込まれている国々、タイ、マレーシア、シンガポールでは、中国の影響力は最終的には限定的になるという立場です。

しかし、一方で、国際貿易体制に深く組み込まれていない国々、例えばカンボジア、ラオス、ミャンマー、ベトナム等々では影響力は強く表れるだろうと予想されます。実際、カンボジア、ラオスでは中国の影響力が強いわけです、恐らくこの説を応用することができるのが、現在のアフガニスタン情勢です。国際経済体制に深く組み込まれていないですから、中国が新たなパートナーになりませんかと言ってきたときに、そのインパクトは強く出るということになりえます。

「一帯一路」構想とワクチン外交

この中国の影響力の拡大を考える上での事例として一帯一路があり、あるいはその延長線上にコロナ以降のワクチン外交があると思います。一帯一路に関しては、先ほど末廣先生から詳細なる解説がありました。ポイントを追加するとすれば、二〇一七年以降に非常に国際的に批判が高まったことでしょう。中国は外国に借金をさせて、港等々の権益を取り上げる最後の罠を仕掛けているのではないのかと強く批判されたわけです。それに関するさまざまな報告書――最近だと借款、中国の国有銀行が海外の政府にどういう条件でお金を貸しているのかということに関する研究――もかなり出てきています。いずれにしても、中国政府側はそれを回避するために「質の高い一帯一路」を推進しますと言うようになっています。二〇二一年三月に二〇二五年までの五カ年計画というのが出て、やはり一帯一路は「質の高い一帯一路」を推進しますと書かれています。文面の上で少しトーンが変わりました。

コロナの後のワクチン外交は、先ほどの末廣先生の資料に出てきた通り、かなりの程度、一帯一路沿線国と重なってきます。デルタ株が広がって以降は中国ワクチンでは十分ではない、効果が十分ではないという議論もあります。しかしながら、それでも、たくさんＰＣＲ検査をする厳しい措置、物量で勝つという勝ち方で、二〇二一年までのところデルタ株に関しても、一度広まりかけて、もう中国はデルタ株には負けるのではとの見方もありますが、まだまだ厳しい感染症規制で乗り切ろうとしています。

ただ、中国国内でもコロナ対策に関しては議論が分かれています。ウィズコロナ路線なのか、ゼロコロナ路線なのかで言えば、ほとんどの国がもうウィズコロナ路線を走っているわけです。要するに、感染者数が一日千人いても、それはやむを得ないと。ある程度重症患者の数、あるいは死亡数を何とか下げれば良い、というのがウィズコロナの考え方です。中国は恐らく世界でほぼ唯一、ゼロコロナ、すなわち感染者数を基本的にゼロにすることを目指しています。「ロックダウンの代償が大きすぎる」という議論が中国国内の学者から出されました。そうしたら非常に厳しい批判にさらされました。国内のメディアで批判されることがありました。中国政府としてはまだまだ、基本的にはゼロコロナアプローチを現状は取っているというふうに思います。

少し脱線してしまいました。最後に、一つのアンケート調査の結果をご紹介しようと思います。アフリカ諸国の人々に、自分の国の発展にとってどの国がモデル（模範）となる国かを聞いているものです。実は中国こそが将来の発展モデルだと、模範だと考える人の比率は無視できません。そして横軸に中国からの投資額・援助額をとってみてみると、あるところまでは右肩上がりです。つまり投資額・援助額が増えることによって、中国を自国の発展モデルだと考える比率は上がります。しかしその後、逆U字型になる。つまり、あんまり援助とか投資をし過ぎると、やはり中国に対する依存が過剰であるような、反発の気持ちが生まれるということかもしれません。実際、アフリカでは中国に対して、中国がやっていることは、新しい植民地体制を築きつつある、このような批判が一部出てきているわけです。ただ、同時に、中国を自国にとって非常にいいモデル、発展につながるモデルだというふうに考えている国も多いことも、もう一つの事実です。

Ⅳ　おわりに

最後になりましたけれども、一つ目の疑問に関しては、先ほどご紹介したとおりで、二つ目の疑問に関しては、組み替え説というのに結構説得力があったと思います。

米中対立、コロナ危機のなかで、この組み換え説をどのように整理していいのかと、私も本当によく分からない状況です。そもそも米中対立が二〇一八年以降激化したことによって、中国の国際影響力はどうなるのか。それ自体難しいですけれども、さらにもう一つ、パンデミックという大きなショックが加わってしまいました。

ただ、中国にとってより標準的な、あるいは中間モデル的な発展経路を重視したほうが中長期的な成長軌道を維持できるのではないかと考えています。従って、介入主義的な立場が強くなることは、中国経済の成長と持続性のためにもリスキーだと考えています。

まだ残されている論点があります。一つは、日中関係をどう展望するのか、という論点です。特に二〇二二年は一九七二年に日中国交正常化して以来の五〇周年の記念すべき年でもあります。一〇年前の二〇一二年、日中国交正常化四〇周年のときは、尖閣の問題で両国間の交流は断絶していました。半世紀というこのタイミングで一体どういう関係を構築していくべきか。米中対立の本格化のなかで、日中関係はどう構築し得るのか、という問題です。

もう一つは地球規模の課題です。特に、気候変動はもう明らかにわれわれの生活を脅かしていて、国境を越えた対策を考える必要があります。それに関しては、明らかに中国は地球規模の課題を解消する上では重要なパートナーになります。こう考えると、協力なくして、二一世紀後半の問題には対処できないだろうと思うわけです。

これら問題をどう整理して、方針を作っていくのか、名案がありません。ただ、この二つの折り合いをつけるような関係の作り方、何と言えばいいのか分かりません。懐の深い方針といいますか、取り組み方を考えねばいけないだろうなと思います。

以上で、私からのご報告とさせていただきます。ありがとうございました。

※参考文献

アセモグル，ダロン＆ジェイムズ・ロビンソン（二〇一六）『国家はなぜ衰退するのか』早川書房。

伊藤亜聖（二〇一八）「中国新興国ネクサスと「一帯一路」構想」末廣昭・田島俊雄・丸川知雄編著『中国・新興国ネクサス：新たな世界経済循環』所収。

蔡昉（二〇一九）『現代中国経済入門：人口ボーナスから改革ボーナスへ』東京大学出版会。

白石隆（二〇一二）『中国は東アジアをどう変えるか　２１世紀の新地域システム』中公新書。

ハルパー，ステファン（二〇一一）『北京コンセンサス　中国流が世界を動かす？』岩波書店。

ブレマー，イアン（二〇一一）『自由市場の終焉　国家資本主義とどう闘うか』日本経済新聞社。

ミラノヴィッチ，ブランコ（二〇二一）『資本主義だけ残った　世界を制するシステムの未来』みすず書房。

Fingar, Thomas, and Jean Oi ed.（2020）*Fateful Decisions: Choices That Will Shape China's Future*, Stanford University Press.

Katzenstein, Peter ed（2012）*Sinicization and the Rise of China: Civilizational processes beyond East and West*, Routledge.

アジア経済は変化するのか――質問に答えて

経済成長に代わる新しい社会目標

末　廣：それでは、頂戴しました質問票に沿って、私と伊藤亜聖さんの両方に関係する質問からまず答えていきたいと思います。伊藤亜聖さんのほうへは中国固有の問題や台湾との関係についての質問が来ていますので、彼にはそちらも答えていただきたいと思います。

最初の質問は「経済成長に代わる今後の人々の目標というものは何でしょうか」という質問です。先ほど伊藤亜聖さんのほうから「中国はいま、高度成長の終わりを経験しつつある」という話がありました。

私は鳥取県生まれですけれども、一九七〇年に東京に受験のために来ました。その同じ年に私の兄が日立に就職しました。私の父親は鳥取県庁の職員だったのですが、就職したばかりの兄と退職間際だった父の間に、給料にあまり差がなかったことが記憶に残っています。当時、地方公務員でも毎年二〇%ずつ給与が上がったときがありますが、それ以上のスピードで民間企業の初任給や給与が上がっていったわけです。日本の高度成長はそれほどすごかった。しかし、そんな時代が日本に来ることはもうありません。もっとも、そういう話をしても、今の若い人には実感が湧かないようですね。

日本がかつて経験した高度成長に対して、ミャンマーとかベトナムとかラオス、カンボジアといった新興国の人びとは、強い憧れを持っているし、経済成長は人々のこころをつかむ力があると思います。私が子どもの頃にテレビで観ていたアメリカのホームドラマ（『奥さまは魔女』）には、家電製品がいっぱい出てきて、一戸建てに広い芝生の庭がついていて、そういう生活に憧れを抱きました。同じような憧れは今のミャンマーでもベトナムでも、多くの人びとが抱いていると思います。

ところで、中国ではご存じのように、高度成長の過程で経済格差の問題が浮上してきています。もし習近平氏が第二期目（二〇一八年から二〇二三年）のあと第三期も国家主席を続けるつもりでしたら、「中華民族の夢の実現」という現在の目標だけでは不十分です。第三期目の大きなテーマは、経済格差の拡大に対してどう対処するかという点になるでしょう。最近よく報道されるようになった「共同富裕論」がそれです。同時に、習近平国家主席はその演説の中で、「国民が幸福感を抱けるような生活を保障する」といった趣旨の発言を行っています。つまり、物質的な生活の向上だけではなく、幸福感を持てる生活の実現を強調するようになってきている。そうすると、従来の経済成長の推進に代わって、日本でいうところの社会の「安全・安心・安定」という側面が重視されるようになる。中国自身がいまそういう分岐点の時代に入り、発展戦略の見直しを迫られていると思います。

以前に私は経済成長の問題をアジアにおける「開発主義」の問題として捉えたことがあります（拙著『キャッチアップ型工業化論――アジア経済の軌跡と展望』名古屋大学出版会、二〇〇〇年）。東アジアの国や地域の場合、政府が経済開発を国家目標に据えました。そして国民の方は、経済成長がもたらす果実（給与が上がる、自分の家が持てるなど）に期待して、積極的に政府の経済開発に参加していきました。つまり、国民全体が成長イデオロギー（成長神話）を共有していったわけです。改革開放以降の中国がまさにそうでした。一方、興味深いのは、イスラーム国では国家目標に「経済成長」を据えるという発想があまりありません。重視しているのは、宗教的な意味での心の平安であることが多いように思います。

私が研究しているタイも似たようなところがあります。タイの人びとは一方では経済成長を重視しますが、他方では宗教的な価値、仏教的に正しいとされる行為に従うことも重視します。それがタイ語でいう「クワーム・ペン・タム」です。タム（タンマ）というサンスクリット語由来のタイ語は日本語ではダルマに転じましたが、本来の意味は仏教の教え、仏法を意味します。それでは、具体的にタンマの中身は何ですかとタイ人に聞くと、これが面白いのですが、皆が共有するユニバーサルな概念はなくて、人々がそれぞれ自分の心の中で正しいと思うものがタンマなのです。そうだとしますと、タイ人の場合、国家目標としての心の安らぎとか安全・安心はなくて、個人それぞれが自分で安らぎを求めることになります。幸福の追求が個人主義的になるわけです。一方、日本の場合には、幸福感は宗教には直接は結びつかないものの、個人としては心の安らぎを、社会としては「安全・安心・安定」を求めるのではないでしょうか。

昨日も福岡ユネスコ協会の人たちと話をしましたが、このコロナ禍で若い人たちが二〇代、三〇代になったときの日本社会はどうなっているのだろうかと。考えただけで気が重くなります。もはや昔のように高度成長を看板に掲げることはできない。かといって、コロナ禍は社会の安全も根底から揺さぶりました。何か別の社会目標を設定する必要があるのかもしれません。

中国に対する親近感の変化

末 廣：二番目の質問は、日中関係についてです。昨年（二〇二〇年）の日本における世論調査では、九割近くの日本人が中国に対して親近感を持っていないという結果が出ています。一方、米国では世論調査を専門とするピュー・リサーチ・センター（Pew Research Center）という機関があって、そこが大体二年おきくらいに世界の主な国の人びとの「中国に対する見方」を調査しています。「中国に対して親近感を持っているか、そうでないか」と尋ねるわけですが、その回答を見ますと、ヨーロッパ地域では中国に対する反発というのは比較的少ない。また、アジア地域も反発は概ね少ないのですが、ベトナムと日本の二カ国だけが突出して反中（嫌中）なのです。でも、米中対立のもと中国の強硬姿勢が目立つようになって、傾向が変わってきました。二〇二〇年のピュー・リサーチ・センターの結果では、ヨーロッパの国を含めて軒並み「中国に親近感を持たない」ひとの占める比率が上昇しています。

一方、会場の皆さんの中にも経験されている方は多いと思いますが、中国から来た留学生とか、日本に在住している中国人の印象は、世論調査の結果とは違います。中国でも国民の間で反日感情が強いのですが、日本に来て一緒に働くか、大学で学んでいる彼らが私たちを「反日」の目で見ているかというと、そうとは感じません。同様に、私たちも周囲にいる中国人に対して強い反発を抱いているわけではありません。けれども、国としての中国に対しては、私自身も最近は「また、あの中国が……」と、つい反発を感じてしまいます。国に対する場合と個人に対する場合で、両者のイメージの間に乖離《かいり》が生じているように思います。

この点は韓国の場合も同じです。文在寅政権の対日政策や対日姿勢には強い不満や不信感を持ちながら、個別につき合いのある韓国人や韓国の食べ物、あるいは韓流ドラマについては全然そういう感情を持たない。国レベルの関係と個人レベルの関係の間で乖離が進んでいる点では中国と同じです。本来は自分自身の皮膚感覚で得たイメージを、国に対しても適用するのがよいと思うのですが、韓国についても中国についても、メディアの報道の論調に流されてしまう。そうしますと、どうしても反中（嫌中）や反韓（嫌韓）の方に感情が向かってしまう。それが現在の日韓関係、日中関係ではないかと思います（追記　講演直前の二〇二一年七月に刊行された木宮正史『日韓関係史』岩波新書は、相手に対する日本と韓国の感情の行き違いを含めて、第二次大戦以後の日韓関係を冷静に分析しており、とても参考になる）。では亜聖さんにバトンを渡します。

中国の中長期的な目標とは

伊　藤：ご質問ありがとうございます。

一点目は経済成長についてでした。私の場合は中国経済を中心に見ているわけですけれども、中国の場合には中長期的には二〇四九年を一つの目標としています。すなわち中華人民共和国建国一〇〇周年という一つの目標があるわけです。二〇四九年までに、先進国になりきる、そして米国とならぶ経済大国、そして軍事大国になると、中国共産党と中国政府は目標を掲げています。

ただ、過去二〇年と比べれば、経済成長、経済発展というよりも、先ほどご指摘のあった幸福感が重視されるようになっています。二〇一〇年ごろから結構そういうスローガンが地方レベルでは出てきていました。それから、中国国内でも幸福感に関する調査、研究が非常に多くなりました。

とりわけ米中対立が激化して以降は、国家の安全ということが前面に出てくるような施策の動きはあります。特にデータ、デジタル経済の領域ではそうですし、そういうような調整が進みつつあります。右肩上がりの高度成長の後の時代に中国も入っていますので、コンセプトとしての調整が既に着手されているわけです。ある意味でイデオロギーとしての開発主義の調整ですね。

私は中国に留学していたときに友人に言われた言葉がすごく印象的だったことがあります。「中国人は日本に行けば平均的な日本人に会える」と。「なぜならばそこにはある意味で平均的な所得水準、教育水準、文化を持っている日本人というのが多くいるからである」と。一方で、「日本人は中国に来ても平均的な中国人に会えない。なぜならば、平均的な中国人は存在しないからである」というふうに大学生に言われました。私も大学生でしたが、面白いことを言うなと思いました。非常に多様な立場、考え方が中国国内であって、少なくとも議論の対立というのは潜在的にはあります。経済政策を巡っても、中国国内では北京で論争があります。なので、発展についても、安全を強調し過ぎる立場よりも、より社会の安定を重視する立場ということもあり得ますし、その辺りはまさに、見えにくいですけれども、中国国内でさまざまな議論があるということに想像を巡らせながら考えていくことが必要なのではないのかなと思っています。

二点目は、ご指摘の通りアンケート調査は幾つかあって、一つは、日本だと内閣府が外交に関する調査というのを毎年やっていて、各国に対する親近感を聞くわけです。そうすると、八割以上、今だと九割近くが中国に対して、親近感がないという結論になります。それは一つの事実であるし、私もそういう感覚を持っておられる人がすごく多いと日々感じます。

一方で、安倍晋三第二期政権のときの日中関係というのは、実は一応回復基調でした。対中感情の悪化にもかかわらず。尖閣の問題の後に、対中感情が激しく悪化したからこそ、多少は二国間の政府間の関係を維持しよう、改善しようという機運があったと思います。菅政権の間は外交に目立った動きは日中関係でなかったと思います。来年以降というのは、先ほど申し上げたとおり、日中国交正常化五〇周年という節目の年でもあり、米中対立、そして対中感情の問題にケアしながら、しかしながら、どういう関係を中長期的に作っていくのか考えなければいけません。自民党の総裁選でもそういう論点は若干出ているとは思います。単純な結論にはならないのではないかなとは思いながら見ています。

ご質問を二枚頂いていまして、一枚目は、「ベトナム共産党は二〇二一年一月の一三回大会で意欲的な経済政策を決定しました。政治体制が似ているベトナムをどう見るかお尋ねします」、というご質問です。

ご指摘のとおり、そもそもベトナムは社会主義国でありますし、経済開放を進めてきました。また中国と同じく共産党なわけです。もう一方で、国境を接するゆえに、中国脅威論がベトナムにはあります。

直近では、面白い動きとしては、先週でしたか中国がＴＰＰへの参加を申請したということがありました。その後に、ベトナム外務省の報道官が中国とＴＰＰの交渉内容に関して情報共有する準備がありますという記者会見をしていました。これはなかなか面白い動きで、ベトナムはＴＰＰに入っている国ですので、そういう意味では、なおかつ国営企業が非常に強い、似た経済体制なわけです。その中で、中国に対してもそのノウハウを提供できる。このような動きがありました。

中国における軍と企業の関係

伊　藤：二枚目の質問は、「中国は改革開放後、国営企業の民営化が盛んに行われた。現在はどうなのか。また、軍と企業の関係はどのようなものなのか」というのが最初の質問です。これについては、民営化が拡大するのは二〇〇〇年代までだと思います。国営企業に関しては、それ以降、むしろ国営企業が肥大化しているのではないかという議論が広がってきたわけです。国が進んで、民が退く、「国進民退」という四字熟語で表現されます。軍と企業の関係で言うと、最近、特に海外から非常に警戒感が高まっているのは、軍民融合という言葉で、二〇一五年ごろからよく聞くようになった言葉です。人民解放軍と民、民間も含めた企業が協力してより強い軍隊をつくるというような動き、スローガンがありました。実際に、私も幾つか産業を研究する中で、関連する、例えばドローンなんかを研究していると、軍民融合ドローン産業パークが内陸の方にできています。その中に民間企業もいるし、軍事系企業も入居するというようなことがあったので、やはりそういった動きが進んで、日本、あるいは海外から見えにくいところで進んでいます。

台湾問題をどのように扱うか

伊　藤：国有企業改革の話は少し割愛しますけれども、もう一つご質問頂いているのは、「日本もアメリカも台湾を中国の一部と認めるという立場で国交を樹立しました。現在は台湾を一つの国と扱おうとしているのはどう説明するのでしょうか」というご質問です。一九七二年の日中共同声明における台湾問題の処置については、ぜひたくさんいい本が日本語で出ておりますので、いま一度ひもといていただければと思います。

一九七二年、日中共同声明における台湾問題への言及は次のようなものでした。「中華人民共和国政府は、台湾が中華人民共和国の領土の不可分の一部であることを重ねて表明する。日本国政府は、この中華人民共和国政府の立場を十分理解し、尊重し、ポツダム宣言第八項に基づく立場を堅持する」。

それに対して日本政府は台湾との関係を、当時の蒋介石総統に対して手紙を送っています。大陸、中華人民共和国との共同声明によって、貴国との間に痛切なる矛盾をきたす、という文面です。それ以上は何も言わない。断交するとは、その手紙には一言も書いていない。痛切なる矛盾をきたすという文面を送ったという、ことです。

それ以降、基本的にはご指摘のとおり、台湾を主権国家として扱うということは、アメリカもそうですけれども、避けるというのは日中関係、あるいは米中関係の基礎になってきた事実です。この尊重するという立場を変えるということは声明で出した日本政府の立場と矛盾します。

あの文面はある意味で、それが知恵だったわけです。当時は自民党の内部に台湾派がいたわけです。非常に強い親台湾派がいた。なので、中華人民共和国との国交を樹立するということに対して、新台湾派からの強烈な突き上げがあったと。その最後の政治的な落としどころが、先に述べたような文面だったわけです。

日本外交の面白い分析としては、自民党の中には歴史的に次のような分業があったそうです。前提の認識として、日本はこの極東にあって二つの分裂国家に直面している。一つは朝鮮半島、つまり北朝鮮と韓国。もう一つは中国大陸と台湾。従って、四者、全ての主体とチャンネルを作っておくべきであるという政治的な考え方です。北朝鮮ともパイプを作り、韓国とも作り、中国大陸とも作り、台湾ともパイプを作る。これを一人の人でやることは不可能なので、派閥で分担するという考え方です。

中国大陸との関係をとりわけ深く作ってきたのが、まさに日中国交正常化を主導した田中角栄を筆頭とする田中派であったし、それぞれ派閥があるわけです。これが自民党の自民党たるところで、それがある意味での政治的な知恵だったわけです。今われわれが直面している事実というのも、何かがそれほど構造的に変わったわけではないです。引き続き、日本は極東にあって、主体自体にも変化はない。

一国民としては、やはり日中共同声明に書かれていることを重視することが必要だと思います。そこからの延長で、日本政府と中華人民共和国政府の間には複数の書面上の合意があります。戦略パートナーシップという関係を作っているわけです。だから、そこに書かれていることをまずお互いに重視すると。とりわけ今考えないといけないのは、一九七八年の平和友好条約に入っている反覇権条項です。平和友好条約の第二条には「両締約国は、そのいずれも、アジア・太平洋地域においても又は他のいずれの地域においても覇権を求めるべきではなく、また、このような覇権を確立しようとする他のいかなる国又は国の集団による試みにも反対することを表明する」とあります。

当時、七二年に作った理由は、ソ連だったわけです。ソ連がアジアに進出してくるということを押しとどめるために反覇権条項が入っています。ではこの条項は、今日、どのような現代的、現在的なインプリケーションがあるのか。考えねばなりません。

アジアにおける専制政治体制の強化

末廣：最後に一つだけよろしいでしょうか。おひとりの方から、「中国独自モデル論を踏まえて、中国の独裁体制をどう捉えますか」という質問が届いております。実は、中国だけではなく東南アジアでも、タイ、インドネシア、フィリピンが権威主義的あるいは専制主義的な政治体制を強めています。

先ほどの伊藤亜聖さんの話にもありましたけれども、習近平国家主席の演説は、国民に対しても海外のメディアに対しても、大きなインパクトを与えます。彼が何かをしゃべると、それが中国という国の方向性を決めていく。鄧小平の時代がそうでした。鄧小平が南巡講話でしゃべったことが、その後の中国の改革開放の路線を決めていきました。

そうなりますと、気になるのは習近平国家主席がしゃべっている演説の草稿は、一体だれが書いているのかという問題です。恐らく、習近平国家主席の演説には、その草稿を書く政策集団が背後にいるのでしょうが、彼の性格から想像できるのは、習近平自身が草稿に事前に徹底的に朱を入れて、自分の言葉としてしゃべっているだろうという点です。ですから三時間でも演説することができるわけです。

インドのモディ首相もそうです。インドの首相の場合には八時間ぐらい演説をすることもあると聞きます。彼らは事前に用意された草稿の棒読みではなくて、強いリーダーシップの下で自分の言葉で国民に語っていく。ドイツのメルケル首相もそうです。コロナ対策で国民の協力を要請したテレビ演説は文字通り感動的でした。残念ながら、日本にはそういうタイプの政治的リーダーがほとんどいません。首相をはじめ閣僚は官僚が用意した文章を読むことが多いように思います。東南アジア諸国で起きている権威主義的体制への政治の回帰は、別の見方をしますと、国民が政治家に対して強いリーダーシップの発揮を求めていることの反映だと言えます。そうした雰囲気は日本にもあると思います。

強いリーダーシップを発揮できる政治家を求めるという雰囲気は、経済のグローバル化によって社会が以前より不安定になったことと無関係ではありません。そして、今回のコロナ禍によって、中国のようにトップダウンの「監視国家」こそが、民主主義的国家よりも、パンデミックの抑制には効果的であることが広く知られるところとなりました。確かに中国は共産党による一党独裁体制であり、その点はバイデン大統領が「専制主義」として厳しく批判している点です。その一方、グローバル化とコロナ禍でますます高まるリスク世界の下で、強いリーダーシップを発揮している「政治モデル」として、中国が新興国の間で注目を浴びている点は、ぜひ皆さんにお伝えしておきたいと思います。

本書は二〇二一年九月二五日、福岡市で開催された講演会「コロナ危機以降のアジア経済」（主催：福岡ユネスコ協会）をもとに、一部補筆したものです。出版化をご承諾いただきました末廣昭さんと伊藤亜聖さんに厚く感謝申し上げます。

（一般財団法人 福岡ユネスコ協会）

【著者紹介】

末廣　昭（すえひろ・あきら）
一九五一年鳥取県生まれ。東京大学名誉教授、福岡アジア文化賞学術研究賞受賞者（二〇一八）。専門は開発経済学、アジア経済論。東京大学大学院経済学研究科修了。
主な著書：『コロナ以後の東アジア』（共著、二〇二〇）『世界歴史体系　タイ史』（共著、二〇二〇）『東アジアの社会変動』（共著、二〇一七）『新興アジア経済論―キャッチアップを超えて―』（二〇一四）『タイ　中進国の模索』（二〇〇九）『キャッチアップ型工業化論―アジア経済の軌跡と展望』（二〇〇〇）

伊藤亜聖（いとう・あせい）
一九八四年東京都生まれ。東京大学社会科学研究所准教授。専門は中国経済論、アジア経済論。慶應義塾大学経済学研究科博士課程修了。
主な著書：『デジタル化する新興国』（二〇二〇）、『プロトタイプシティ―深圳と世界的イノベーション』（共著、二〇二〇）『現代中国の産業集積―「世界の工場」とボトムアップ型経済発展―』（二〇一五）『現代アジア経済論―「アジアの世紀」を学ぶ』（共著、二〇一八）

FUKUOKA *u* ブックレット㉓

アジア経済はどこに向かうか
コロナ危機と米中対立の中で

二〇二二年 八 月三〇日 発行

著　者　末廣《すえひろ》　昭《あきら》
伊藤《いとう》亜聖《あせい》
発行者　小野静男
発行所　株式会社 弦書房
（〒810・0041）
福岡市中央区大名二－二－四三
ELK大名ビル三〇一
電　話　〇九二・七二六・九八八五
FAX　〇九二・七二六・九八八六

装丁・毛利一枝
印刷・製本　有限会社青雲印刷

落丁・乱丁の本はお取り替えします

ISBN 978-4-86329-251-2 C0036

「FUKUOKA *U* ブックレット」の発刊にあたって

「転換期」ということばが登場して、もうどれくらい経つでしょうか。しかし、「近代」は暮れなずみながら、なお影を長く伸ばし、来るべき新たな時代の姿は依然として定かではありません。

そんな時代に、ここ福岡の地から小冊子「FUKUOKA　U　ブックレット」を刊行します。

福岡は古くから「文化の十字路」でした。アジア大陸に最も近く、また環東シナ海の要石の位置にあって、さまざまな文化を受け入れる窓口として大きな役割を果たしてきました。近代になっても、アジアとの活発な交流は続き、日本の中で最もアジア的なにおいを宿した都市として知られています。今日ここでは、海陸の風を受けながら、学術や芸術に関わる多彩な活動が繰り広げられていますが、しかしメディアの一極集中のせいで、それは多くの人の耳や目に届いているとは言えません。

「FUKUOKA　U　ブックレット」は、ユネスコ憲章の「文化の広い普及と正義・自由・平和のための人類の教育とは、人間の尊厳に欠くことのできないものである」という理念に共鳴し、一九四八年以来、旺盛な活動を続けている福岡ユネスコ（Unesco）協会の講演会やシンポジウムを中心に、福岡におけるビビッドな文化活動の一端を紹介しようとするものです。

海（Umi）に開かれた地から発信されるこのシリーズが、普遍的（Universal）な文化の理解（Understanding）に役立つことを願ってやみません。

（二〇一二年七月）

◆弦書房の本

◉FUKUOKA *u* ブックレット❷

東アジアとは何か
〈文明〉と〈文化〉から考える

小倉紀蔵　東アジアが平和であった時代とは？　東アジアは正常化している？　東アジアを極限まで抽象化し、〈文明〉と〈文化〉から日中韓それぞれの根底に流れる思想を探る〈アジア論の新しい試み〉。日中韓はあらたな関係を創造できるか。〈A5判・64頁〉 **650円**

◉FUKUOKA *u* ブックレット❸

考える人・鶴見俊輔

黒川創／加藤典洋　「狂気を沈めたリベラル」鶴見俊輔の仕事を読み解く。いつだって鶴見俊輔はあたらしい。時代の転換点にいつも彼は呼び出されてきた。作家・黒川創と文芸評論家・加藤典洋が、戦後思想の巨人を縦横に語る。〈A5判・96頁〉**【2刷】** **780円**

◉FUKUOKA *u* ブックレット❹

未来との連帯は可能である。しかし、どのような意味で？

大澤真幸　三・一一後の現代社会をどう生きるか、について、思想や哲学、歴史、文学、はたまたサブカルチャーなどさまざまなフィルタを用いて語る渾身のライブ。現代に生きるわれわれと過去、未来との「連帯」をスリリングに解き明かす。〈A5判・72頁〉 **700円**

◉FUKUOKA *u* ブックレット❺

映画、希望のイマージュ
香港とフランスの挑戦

野崎歓　映画は国家がかかえる問題、時代や社会を写し出す、としてその背景に迫りながら作品について語る。また近年復活を見せるフランス映画。そこに勃興するアジア映画との密接な連動を見出す。〈A5判・72頁〉 **700円**

◉FUKUOKA *u* ブックレット❻

日本の俳句はなぜ世界文学なのか

ドナルド・キーン／ツベタナ・クリステワ　「目で聞く、耳で見る―」短詩型文学の魅力を存分に語る。「俳句や短歌は、二千年前から日本人は使ってきていている。それはほかの国にはない。これは誇るべきことです。」（ドナルド・キーン）〈A5判・64頁〉**【3刷】** **680円**

＊表示価格は税別

◆弦書房の本

◉FUKUOKA *u* ブックレット❽
よみがえる夢野久作
『東京人の堕落時代』を読む

四方田犬彦　【夢野久作・生誕一二五周年】天才芸術家は作品を通して未来を予測する——夢野久作こそまさにこの言葉を実践していた小説家であった。夢野久作を読むという行為は、これからこそ、真に開始されなければならない。〈A5判・64頁〉**680円**

◉FUKUOKA *u* ブックレット❾
かくれキリシタンとは何か
オラショを巡る旅

中園成生　四〇〇年間変わらなかった信仰。「かくれキリシタン信者は、宣教師がいなくなったことで、それまで伝えてきたキリシタン信仰の形を、忠実に継承することしかできなかった——」かくれキリシタン信仰を丹念に追いかけた一冊。〈A5判・64頁〉**680円**

◉FUKUOKA *u* ブックレット❿
林権澤は語る
映画・パンソリ・時代

福岡ユネスコ協会編　韓国映画界の巨匠・林権澤（イム・グォン・テク）監督が、自らの半生を語る。名作『風の丘を越えて』で知られる巨匠の原点。戦争や時代に翻弄されながら、辿りついた世界観とはどのようなものか。〈A5判・64頁〉**680円**

◉FUKUOKA *u* ブックレット⓫
世界の水辺都市を巡る
ヨーロッパ・アジア、そして日本

陣内秀信　水の力で都市がよみがえる——一周遅れのトップランナーのように、近代を乗り越えるためのキーワードが皆「水の都」ヴェネツィアにあった。都市の水辺を市民の手にとりもどすため、注目される世界の水辺空間を紹介する。〈A5判・72頁〉**740円**

◉FUKUOKA *u* ブックレット⓬
変容するアジアの、いま
新しいアジア経済社会論

末廣昭　急速な経済成長、急速な高齢化、広がる格差…いまアジア諸国で何が起きているのか。「生産するアジア」「消費するアジア」《経済的側面》と、「老いてゆくアジア」「疲弊するアジア」《社会的側面》の4つの視点でみるアジアの現在と未来。〈A5判・88頁〉**800円**

*表示価格は税別

◆弦書房の本

◉FUKUOKA *u* ブックレット⑲

香港で文化を創り続ける

ダニー・ユン／四方田犬彦　舞台芸術の枠にとどまらず文化の創造者として活躍するダニー・ユン氏が、香港での実践と未来について語る。四方田犬彦氏との対談に加え、激動する今の香港情勢に対する四方田氏の書き下ろしエッセイも収録。

〈A５判・８０頁〉８００円

◉FUKUOKA *u* ブックレット⑳

琉球沖縄史への新たな視座

武井弘一　琉球の庶民は豊かな社会に生きていた——。沖縄で、琉球史でなく日本近世史を研究する筆者が気付いた、現在の日本史教育にある問題点とは何か。既存の琉球沖縄史、日本史教育に、新たな一石を投じた一冊。

〈A５判・６４頁〉６８０円

◉FUKUOKA *u* ブックレット㉑

日本の映画作家と中国

小津、溝口、黒澤から宮崎駿、北野武、岩井俊二、是枝裕和まで

劉文兵　日中両国の映画と各世代の監督たちに詳しい著者による労作。戦前、戦中、戦後の各時代の日中の文化交流が、映画作品を通じてより深まっていることがわかる。映画を通じた今後の文化交流の可能性を探るための必読の書ともいえる。

〈A５判・１０４頁〉９００円

◉FUKUOKA *u* ブックレット㉒

中国はどこへ向かうのか

国際関係から読み解く

毛里和子・編著　不可解な中国と、日本はどう対峙していくか。経済的、軍事的に大国への道を進み始めた中国。その歩みの変化を米国、東南アジア、欧州との関係史から見ていく。佐橋亮、田村慶子、林大輔、伊藤亜聖、天児慧

〈A５判・９６頁〉８００円

＊表示価格は税別

◆弦書房の本

いま〈アジア〉をどう語るか ＊

有馬学／松本健一／中島岳志／劉傑／李成市　非在のアジア？　過去の歴史と現在の視点とのズレから、一種類の語り方では認識できない「アジア」という枠組みをめぐって、日中韓の研究者がそれぞれの「アジア」を表現する。〈四六判・２０４頁〉１９００円

山本作兵衛と日本の近代

有馬学／マイケル・ピアソン／福本寛／田中直樹／菊畑茂久馬　日本初のユネスコ「世界記憶遺産」に登録された《山本作兵衛コレクション》はなぜ評価されたのか、何が描かれているのか。あらためてその価値と魅力の原点に迫る。〈四六判・１９２頁〉１８００円

日韓メモリー・ウォーズ
私たちは何を忘れてきたか

朴裕河／上野千鶴子／金成　／水野俊平　ずれとゆがみの根源へ――日韓に横たわる認知ギャップを探る。朴裕河（パク・ユハ）氏らが時代により揺れ動いてきた日韓関係を政治、文化、メディア、インターネットなどのキーワードで読み解く。〈四六判・１６０頁〉１７００円

アジアの文化は越境する
映画・文学・美術

四方田犬彦［編著］　「お化け」はアジア独自の財産？ヨーロッパの枠組みでは表現できない怪奇映画、現代文学、現代美術についてその独自性と類似性を縦横に語り合い、アジアは常に千のアジアとして多様な形態で存在することを示す。〈四六判・１６８頁〉１７００円

蘭学の九州

大島明秀　蘭学はどのように受容され活用され、幕末から明治、洋学の時代へと橋渡しをしたのか。江戸期を通じて蘭学の最前線を担った〈九州〉という視座から、その歴史を描き直す。オランダ通詞・志筑忠雄の驚くべき業績も具体的に伝える。〈四六判・１６０頁〉１６００円

＊表示価格は税別